W0194091

Gregor Schaefer

bistro, bar & brasserie

Frankreichs kleine Küche

Hölker  **Verlag**

5 4 3 2
ISBN 3-88117-565-2

Redaktion: Christiane Leesker
Gestaltung: Niels Bonnemeier
Foodfotos: Klaus Arras
Fotoassistenz: Metin Kuru
Foodstyling: Gregor Schaefer
Aufnahmen auf Agfachrome RSX 100 II
© 2002 Verlag W. Hölker GmbH, Münster
Alle Rechte vorbehalten, auch auszugsweise.

Printed in Germany

inhalt

küche für jeden tag

Früher oder später kommt jeder Frankreichreisende ins Schwärmen über seine kulinarischen Erlebnisse. Es sind die einfachen kleinen Restaurants, die in angenehmster Erinnerung geblieben sind – jene Bistros, Bars und Brasserien, in denen es so schön nach Frankreich riecht und schmeckt. Ursprünglich bezeichnete das Wort Restaurant einen schnellen, nahrhaften Imbiss, und erst im Laufe der Zeit entwickelte sich daraus das Synonym für eine Speisegaststätte im Allgemeinen. Bistro heißt eigentlich kleine Kneipe, Bar hat mit Stange (franz. barre) zu tun, der Barriere zwischen Schank- und Gastraum – wesentlich ist der Tresen, an dem nicht nur getrunken, sondern auch gegessen wird. Und Brasserie heißt Brauerei, steht aber eher für Bierlokal. Heute sind die Übergänge fließend, und wenn die Mischung aus originellem Ambiente, lärmender Gemütlichkeit und guter Hausmannskost stimmt … voilà, wer braucht da schon Michelin-Sterne?

Wer jemals in der französischen Provinz auf einem Markt gewesen ist und in einer der umliegenden Gaststätten, angelockt von den Verheißungen handgeschriebener Speisetafeln, einen Tisch inmitten des quirligen Treibens ergattern konnte, kann einen jener unvergesslichen Momente erleben, in denen das geflügelte Wort vom „Leben wie Gott in Frankreich" entstanden sein muss.

In den Bistros, Bars und Brasserien steht das genussvolle Speisen im Vordergrund. In bester französischer Küchentradition gehören dazu bodenständige und sorgfältig zubereitete Speisen aus ausgesuchten Rohstoffen, Spezialitäten regionaler und saisonaler Küche. Hausmannskost eben – oft deftig und doch mit eigener Raffinesse, angenehm für die Seele und das Portemonnaie. Hier muss kein edler, gestärkter Damast den Tisch bedecken, und der Landwein schmeckt herrlich aus dem einfachen Ballon.

Die Bistroküche ist auf angenehme Weise unkompliziert und deshalb eine Küche für jeden Tag. Im Bistro fühlt man sich immer ein wenig wie zu Hause, und damit Sie sich zu Hause manchmal wie im Bistro fühlen können, habe ich diese Rezepte zusammengetragen. Dabei habe ich besonderen Wert darauf gelegt, dass sie leicht nachzukochen sind. Und für die Zutaten müssen Sie nicht extra zu Rungis, dem Pariser Großmarkt, fahren. In aller Regel sind die Produkte auch bei uns leicht zu bekommen.

Jedes Gericht kann für sich allein eine Mahlzeit sein, manche stillen den kleinen Hunger zwischendurch, andere eignen sich eher für die üppige Sonntagstafel. Und wenn Sie ein Fest zu feiern haben, stellen Sie sich Ihr ganz persönliches Menü nach Lust und Laune selbst zusammen.

Ich wünsche Ihnen viel Spaß beim Kochen und Essen und schöne französische Momente, wann immer Sie wollen – bon appétit!

Falls nicht anders angegeben, sind die Rezepte für 4 Personen berechnet.

snacks
sandwichs & croques

Deutschland ist vielleicht das Land, in dem es die meisten Brotsorten gibt. Aus Frankreich aber kommt das wohl bekannteste Brot, das Baguette (frz. kleiner Stock). Dieses Stangenweißbrot, das in Frankreich als obligatorischer Essensbegleiter angesehen wird, hat auch bei uns viele Freunde gewonnen. Selten ist es aber hier so gut, wie das französische Original sein kann. Dieses duftige, länglich geformte Weißbrot hat, wenn es ganz frisch auf den Tisch kommt, jene Vollendung, die bei mir manches Mal dazu geführt hat, dass ich mich an Brot und Butter schon fast satt gegessen hatte, bevor das eigentliche Essen begann. Frisches Baguette hat eine sehr knusprige Kruste und ein weiches, luftiges Inneres. Es wird mehrmals am Tag frisch gebacken, auch am Sonntag, weil es sehr schnell hart wird und daher innerhalb weniger Stunden verzehrt werden sollte. Der Teig besteht nur aus Mehl, Hefe, Salz und Wasser. Er geht 5–6 Stunden, bevor er unter Einsatz von Wasserdampf abgebacken wird.

In Frankreich wurde jene Variante des Sandwichs erfunden, bei der ein großes Stück dieses köstlichen Backwerks die Hauptrolle spielt. Ich wage zu behaupten, dass jeder gastronomische Kleinbetrieb in Frankreich wenigstens ein Stück Baguette mit mehr oder weniger fantasievollem Belag für den hungrigen Gast bereithält.

Ebenso beliebt scheint – zumindest in Paris – ein Snack zu sein, der umgangssprachlich nur als „un croque" bestellt wird, was so viel wie knuspriger Happen bedeutet: Madame et Monsieur Croque sind schnell auf dem Tisch und ein schmackhafter Snack zu vielen Gelegenheiten. Also mir hat einmal ein Croque Monsieur nach vier Stunden Louvre glatt das Leben gerettet…

Sandwich au jambon cuit
Rezept S. 9

sandwichs variés
sandwich-variationen

Das Sandwich ist überall in Frankreich ein belieb-
ter Snack für den kleinen Hunger zwischendurch.
Jede so genannte Bar, jedes Café und jeder Salon
de Thé hält eine Auswahl verschiedener Beläge für
das allgegenwärtige Baguette oder seinen schmalen
Bruder, die Flûte (frz. Flöte), bereit.
Die Qualität des Sandwichs steht und fällt mit der
Qualität der Zutaten. Allen voran sollte das Brot
duftig und frisch sein und im Zweifel vor dem Ver-
zehr noch einmal kurz im Backofen aufgebacken
werden. Und jetzt kommt Ihre Fantasie ins Spiel,
mit der Sie z.B. unter Zugabe von ein paar
Cornichons hier, einigen Salatblättern dort, der
einen oder anderen Scheibe Tomate und einem
Hauch frischer Kräuter aus einem „belegten Brot"
eine echte Gaumenfreude machen.

Im Folgenden gebe ich ein paar Anregungen, um
Ihre Fantasie zu beflügeln. Auf genaue Mengen-
angaben habe ich dabei verzichtet, da der „kleine
Hunger zwischendurch" individuell sehr unter-
schiedlich sein kann. Als Faustregel rechnen Sie
wenigstens 20 Zentimeter Baguette pro Person.
Für das richtige „Frankreichfeeling" gibt es für
jeden das Stück Baguette im Ganzen, nur an einer
Seite der Länge nach aufgeschlitzt und dann nach
Belieben gefüllt.

sandwich au jambon cuit
sandwich mit gekochtem schinken

frisches Baguette
Butter zum Bestreichen
gekochter Schinken
(schön saftig und dünn geschnitten)
Cornichons in Scheiben nach Belieben
Remoulade nach Belieben

Baguette längs aufschneiden und mit Butter bestreichen. Die untere Hälfte mit Schinken gut belegen, nach Belieben mit Scheiben von Cornichons und Remoulade garnieren und zusammenklappen. Diesen Klassiker hat wahrscheinlich jeder Frankreich-Reisende schon mal gegessen. Einfach gut, wenn das Brot knusprig frisch und üppig belegt ist.

sandwich au fromage
sandwich mit käse

frisches Baguette
Butter zum Bestreichen
reichlich Käse, dünn geschnitten
einige Blätter grüner Salat oder
Rucola, Tomaten- oder
Gurkenscheiben nach Belieben

Baguette längs aufschneiden und mit Butter bestreichen. Die untere Hälfte gut mit Käse belegen, nach Belieben mit Salatblättern, Rucola, Tomaten- und Gurkenscheiben garnieren und zusammenklappen. Das Sandwich schmeckt auch etwas durchgezogen sehr lecker, eignet sich also gut als Proviant.

sandwich au paté de campagne
sandwich mit leberpastete

frisches Baguette
Butter zum Bestreichen
Pâté de Campagne in
dünnen Scheiben
halbierte Cornichons
einige Blätter Radicchio nach Belieben
etwas Preiselbeergelee nach Belieben

Baguette längs aufschneiden und mit Butter bestreichen. Paté auf der unteren Hälfte verteilen und verstreichen. Mit Cornichons und nach Belieben mit Radicchio und Preiselbeergelee garnieren, zusammenklappen. Inzwischen gibt es auch bei uns gute französische Leberpastete zu kaufen, meist mit grünem Pfeffer, Pilzen oder Preiselbeeren. Der Geschmack ist mit unserer Leberwurst nicht zu vergleichen.

sandwich au brie
sandwich mit brie

frisches Baguette
Butter zum Bestreichen
guter reifer Rohmilch-Brie
einige Blätter grüner Salat nach
Belieben
geröstete und gehackte Haselnüsse
nach Belieben

Baguette längs aufschneiden und mit Butter bestreichen. Brie in Scheiben schneiden, auf der unteren Brothälfte verteilen, nach Belieben mit Salat und Nüssen garnieren und zusammenklappen.

sandwich au thon
sandwich mit thunfisch

frisches Baguette
Butter zum Bestreichen
Mayonnaise
Thunfisch aus der Dose
Staudensellerie in dünnen Scheiben
kleine Kapern
etwas Zitronensaft
frisch gemahlener Pfeffer

Baguette längs aufschneiden, mit Butter und Mayonnaise bestreichen. Darauf zuerst den abgetropften und zerpflückten Thunfisch verteilen, dann die Staudenselleriescheiben und die Kapern. Zum Schluss noch etwas Zitronensaft darüber träufeln und mit frisch gemahlenem Pfeffer würzen.

croque monsieur
herrentoast

8 Scheiben Toastbrot
Butter
8 Scheiben Emmentaler oder Gruyère
(dünn geschnitten)
4 Scheiben gekochter Schinken
(nicht zu dünn geschnitten)
4 EL geriebener Emmentaler
oder Gruyère

4 Scheiben Brot toasten und mit Butter bestreichen. Abwechselnd mit je 1 Scheibe Käse, 1 Scheibe Schinken und noch 1 Scheibe Käse belegen. Mit je 1 Scheibe Toastbrot abdecken, darauf Butterflöckchen und geriebenen Käse verteilen. Die Toasts auf ein Backblech legen und im Backofen unter dem Grill auf höchster Schiene überbacken, bis der Käse eine schöne goldbraune Kruste hat. Heiß servieren.

croque madame
damentoast

8 Scheiben Toastbrot
Butter
8 Scheiben Emmentaler oder Gruyère
(dünn geschnitten)
4 Scheiben gekochter Schinken
(nicht zu dünn geschnitten)
4 Eier
Salz
frisch gemahlener Pfeffer

Die Toastbrotscheiben buttern, 4 Scheiben Brot mit je 1 Scheibe Käse, 1 Scheibe Schinken und wieder 1 Scheibe Käse belegen. Mit je 1 Scheibe Toastbrot bedecken. Butter in einer Pfanne erhitzen und die Sandwichs darin von beiden Seiten goldbraun rösten. Parallel dazu in einer zweiten Pfanne wiederum Butter erhitzen und darin 4 Spiegeleier braten. Je 1 Spiegelei auf ein geröstetes Sandwich legen, salzen, pfeffern und heiß servieren.

würzige dips und pasten

Brot gehört in Frankreich zum Essen wie Messer, Gabel und Servietten. In der Regel kommt es schon vor dem bestellten Gericht auf den Tisch, um dem hungrigen Gast die Wartezeit auf das Essen zu verkürzen. Oft wird es wenigstens von Butter, manchmal aber auch von solch köstlichen und üppigen Kleinigkeiten begleitet, dass ich schon manches Mal beinahe satt bin, bevor der erste Gang auf den Tisch kommt. Einige dieser Dips oder würzigen Pasten möchte ich Ihnen gerne vorstellen. Sie sind in der Regel schnell und einfach zubereitet, lassen sich gut vorbereiten und im Kühlschrank einige Tage aufbewahren. Zusammen mit knusprigem Brot und einem schönen Glas Wein können sie Grundlage für einen geselligen Snack sein oder auch ein mediterranes Buffet bereichern.

tapenade
olivenpaste

300 g schwarze Oliven
80 g Sardellenfilets
100 g Thunfisch aus der Dose
(im eigenen Saft)
200 g Kapern
2 EL Cognac
1 EL Zitronensaft
200 ml kaltgepresstes Olivenöl
1 TL Kräuter der Provence
frisch gemahlener Pfeffer

Die Oliven entsteinen. Die Sardellen, den Thunfisch und die Kapern abtropfen lassen. Zusammen mit den Oliven fein pürieren. Cognac und Zitronensaft dazugeben. Das Öl nach und nach dazugießen und alles mit dem Handmixer zu einer homogenen Masse verrühren. Die Kräuter der Provence zwischen den Fingern zerreiben und zugeben. Die Paste kräftig mit Pfeffer würzen und wenigstens über Nacht im Kühlschrank durchziehen lassen.

purée d'oignons
zwiebelpüree

600 g Zwiebeln
Salz
100 g Butter
1/2 TL Fleischextrakt
2 cl Cognac
1 Prise Zucker
1 Msp. geriebene Muskatnuss
3-4 EL Crème fraîche
frisch gemahlener weißer Pfeffer

Die Zwiebeln schälen und in Ringe schneiden. Einige Ringe zurückbehalten, die anderen 5 Minuten mit kochendem Salzwasser überbrühen und abtropfen lassen. In einem Schmortopf ca. 80 Gramm Butter erhitzen. Die blanchierten Zwiebelringe, Fleischextrakt, Cognac, Zucker, Muskat, 1/2 Glas Wasser und 1 Prise Salz dazugeben und bei milder Hitze im geschlossenen Topf gut 1 Stunde schmoren. Die Zwiebeln sollten nicht braun werden, deshalb im Zweifel noch etwas Wasser angießen. Danach sollten die Zwiebeln zu einem weichen Mus zerfallen sein. Wenn die Masse noch zu flüssig ist, eine Weile ohne Deckel weiterschmoren, dabei öfter umrühren, damit nichts anbrennt. In der Zwischenzeit die zurückbehaltenen Zwiebelringe in wenig Butter goldbraun rösten.
Zum Schluss die Crème fraîche und die restliche Butter unterrühren. Mit wenig Salz und Pfeffer abschmecken und mit den gerösteten Zwiebelringen garnieren. Das Zwiebelpüree schmeckt am besten lauwarm.

anchoïade
sardellencreme

5-6 EL Olivenöl
8 Knoblauchzehen
20 Sardellenfilets
1/2 TL abgeriebene Zitronenschale
frisch gemahlener Pfeffer

Das Olivenöl in einem Topf leicht erwärmen. Die Knoblauchzehen schälen und ins Öl pressen. Die abgetropften Sardellenfilets fein hacken und mit der Zitronenschale zugeben. Alles bei milder Hitze mit dem Schneebesen gut verrühren und mit Pfeffer abschmecken.

aïoli
knoblauchmayonnaise

1 Scheibe Toastbrot
1 kleines Glas Milch
6–8 Knoblauchzehen
1 frisches Eigelb
1/2 l Olivenöl
Saft von 1/2 Zitrone
1 Prise Zucker
Salz
frisch gemahlener Pfeffer

Vom Toastbrot die Rinde abschneiden und das Brot in der Milch einweichen. Gut ausdrücken und in eine Schüssel geben. Die Knoblauchzehen schälen und dazupressen. Das Eigelb zugeben und alles zu einer homogenen Masse verrühren. Jetzt das Olivenöl in dünnem Strahl einfließen lassen, dabei ständig kräftig mit dem Schneebesen schlagen, bis eine mayonnaise-artige Paste entsteht. Das Aïoli mit Zitronensaft, Zucker, Salz und viel Pfeffer kräftig abschmecken.

les salades
salate

Hierzulande fristete der Salat lange Zeit sein Dasein in der Nebenrolle der Salatbeilage. In Frankreich hat er immerhin, angereichert mit allerlei Köstlichkeiten, längst einen festen Platz als eigener Gang im großen Menü. Mehr und mehr aber übernehmen üppige Salatkreationen, vor allem auf den Speisekarten von Bistros, Bars und Brasserien, die Hauptrollen einer eigenständigen Mahlzeit. Einige meiner Lieblingskombinationen möchte ich Ihnen hier vorstellen, auch um zu zeigen, welches Potential im Thema Salat steckt, und um Sie zu ermuntern, eigene Varianten zu entwickeln.

Gerade beim Salat, dessen Zutaten in der Hauptsache roh gegessen werden, ist die Qualität der Zutaten ausschlaggebend für den vollendeten Genuss. Labberige Blattsalate und geschmacksneutrale Tomaten bilden keine guten Voraussetzungen für ein leckeres Salatgericht.

Mindestens genauso wichtig ist die Qualität der Zutaten für das Dressing: Gönnen Sie sich beste Öle, feinste Essige und frische Kräuter. Und gehen Sie sparsam mit dem Dressing um. Vor allem die empfindlichen Blattsalate sollten nur von einem Hauch Vinaigrette überzogen sein und nicht in einem Schwall von Essig und Öl ertrinken.

Salade au filet d'oie fumé
Rezept S. 22

chicorée aux roquefort et aux noix
endiviensalat mit roquefort und walnüssen

1 Kopf Endiviensalat
100 g Roquefort
2 EL Olivenöl
2 EL Walnussöl
2 TL Weißweinessig
1 Prise Zucker
Salz
frisch gemahlener Pfeffer
120 g Walnusskerne
12 Scheiben Baguette
50 g Butter

Den Salat waschen, verlesen und trockenschleudern. In mundgerechte Stücke zupfen und in eine Schüssel geben. Die Hälfte des Roqueforts mit Oliven- und Walnussöl, Essig und Zucker zu einem Dressing verrühren. Mit Salz und Pfeffer abschmecken.
Die Walnusskerne in einer Pfanne ohne Fett leicht anrösten. Abkühlen lassen und etwa 20 Gramm davon klein hacken. Die restlichen Walnüsse über den Salat geben. Die Baguettescheiben goldbraun toasten. Die Butter mit dem restlichen Käse verkneten und auf das Brot streichen, mit den gehackten Walnüssen bestreuen. Das Dressing über den Salat gießen. Mit den Baguettescheiben servieren.

Falls Sie Schwierigkeiten haben, im Supermarkt gutes Walnussöl zu bekommen, versuchen Sie es im Reformhaus… es lohnt sich!

salade au chèvre chaud
salat mit warmem ziegenkäse

600 g weiße Bohnen (aus der Dose)
50 g grüne Oliven (ohne Stein)
3 rote Zwiebeln
4 EL Sherryessig
150 ml Olivenöl
Salz
frisch gemahlener Pfeffer
100 g Rucola
350 g Tomaten
1 Bund glatte Petersilie
4 kleine Ziegenfrischkäse
1 TL Fenchelsamen
frisches Baguette

Die Bohnen kurz abbrausen und abtropfen lassen. Für die Vinaigrette die Oliven fein hacken. Die Zwiebeln schälen und fein würfeln. Den Essig mit 120 Millilitern Olivenöl verrühren, die Oliven und die Zwiebeln dazugeben, mit Salz und Pfeffer würzen. Die abgetropften Bohnen mit der Vinaigrette mischen (etwas von der Sauce für den Käse zurückbehalten) und durchziehen lassen. Den Backofen auf 200 °C vorheizen. Den Rucola waschen und trockenschleudern. Die Tomaten blanchieren, abziehen, von Stielansatz und Kernen befreien und fein würfeln. Die Petersilie waschen, trockentupfen, Blättchen von den Stängeln zupfen und hacken.

Die Ziegenkäse in eine feuerfeste Form legen, mit dem restlichen Olivenöl beträufeln und die Fenchelsamen darüber streuen. Den Käse im Backofen auf der zweiten Einschubleiste von unten 10 Minuten überbacken.

Tomaten, Petersilie und Bohnen mischen. Den Rucola und die warmen Käse auf Tellern anrichten, mit der restlichen Vinaigrette beträufeln. Den Bohnensalat darum verteilen.

Die überbackenen Ziegenkäse schmecken auch köstlich zu anderen Salaten, z.B. zu Mesclun (Rezept S. 20).

mesclun aux cœurs de volaille
blattsalate mit geflügelherzen

Für den Salat:
etwa 300 g Mesclun (s. unten)
1/2 Knoblauchzehe
1/2 TL Dijonsenf
1 EL Weißweinessig
2–3 EL neutrales Öl
2 EL Walnussöl
1 Prise gemahlener Koriander
Salz, frisch gemahlener Pfeffer

Für die Geflügelherzen:
250–300 g Hühnerherzen
Salz, frisch gemahlener Pfeffer
1 Schalotte
1 EL Butter
2 cl Calvados
50 ml Sahne
1 TL Preiselbeergelee
frisches Baguette

Die Salatblätter waschen, verlesen und trockenschleudern. Für die Vinaigrette die Knoblauchzehe schälen, pressen und mit Senf und Essig vermischen. Die beiden Ölsorten unter Rühren langsam einlaufen lassen, bis eine cremige Sauce entstanden ist. Mit Koriander, Salz und Pfeffer abschmecken.

Die Geflügelherzen waschen, gut trockentupfen und mit Salz und Pfeffer würzen. Die Schalotte schälen und sehr fein hacken. Die Butter in einer Pfanne heiß werden lassen und die Herzen darin auf jeder Seite ca. 1 Minute scharf anbraten. Die Schalotte dazugeben und weitere 1–2 Minuten braten, dabei die Herzen einmal wenden. Den Calvados erwärmen und die Herzen damit flambieren. Mit der Sahne ablöschen und das Preiselbeergelee unterrühren. Bei großer Hitze rasch reduzieren – die Herzen sollen nicht in Sauce schwimmen, sondern nur von einer Saucenhülle umgeben sein. Mit Salz und Pfeffer abschmecken. Die Geflügelherzen am Rand von 4 Tellern anrichten. Den Salat gut mit der Vinaigrette vermischen und neben den Herzen anrichten. Dazu frisches Baguette servieren.

Mesclun nennt man eine Mischung verschiedener kleiner Salatblätter. Mittlerweile wird diese Mischung auch in Deutschland fertig angeboten. Natürlich können Sie sie auch selbst aus folgenden Salaten bereiten: Friséesalat, Radicchio, Feldsalat, Rucola, Eichblatt- oder Römersalat, ergänzt um einige Blätter Kerbel und glatter Petersilie. Mesclun können Sie auch mit anderen „Beilagen" als Geflügelherzen anrichten. Sehr gut schmeckt dazu gebratene Geflügelleber. Diese kann genauso wie die Geflügelherzen zubereitet werden, oder Sie braten die Leber pur und geben etwas gewürfelten Räucherspeck dazu, den Sie schön kross werden lassen. Auch Scheiben von rosa gebratener Entenbrust oder einige Stücke Lachsfilet, in Butter angebraten und mit etwas Zitronensaft beträufelt, machen aus diesem Salat eine köstliche kleine Mahlzeit.

salade niçoise
nizza-salat

4 Eier
200 g grüne Bohnen
Salz
1 Kopfsalat
8 Strauchtomaten
1 rote Zwiebel
1 kleine Dose Thunfisch in Öl
4 EL Olivenöl
1 EL Weinessig
1 Prise Zucker
frisch gemahlener Pfeffer
8 Sardellenfilets
2 EL schwarze Oliven
1 gute Prise Kräuter der Provence
frisches Baguette

Die Eier hart kochen und abschrecken. Bohnen putzen, ca. 10 Minuten in kochendem Salzwasser blanchieren, kalt abschrecken und abtropfen lassen. Den Kopfsalat waschen, verlesen und trockenschleudern. Die Salatblätter auf 4 Tellern anrichten. Tomaten in Scheiben schneiden, dabei den Stielansatz entfernen. Die Zwiebel schälen und in ganz feine Ringe schneiden. Den Thunfisch abtropfen lassen und zerpflücken, dabei das Öl auffangen und mit dem Olivenöl vermischen. Alle Zutaten auf den Salatblättern verteilen. Aus Öl und Essig eine Vinaigrette rühren, mit Zucker, Salz und Pfeffer abschmecken. Die hart gekochten Eier pellen, vierteln, mit halbierten Sardellenfilets belegen und auf dem Salat anrichten. Alles mit der Vinaigrette beträufeln, mit Oliven garnieren und mit den Kräutern würzen. Mit frischem Baguette servieren.

salade au filet d'oie fumé
salat mit geräucherter gänsebrust

1 Kopf Eichblattsalat	Eichblattsalat und Radicchio waschen, trockenschleu-
1 kleiner Radicchio	dern und in mundgerechte Stücke zupfen. Die Rote
2 gekochte Rote Beten	Bete würfeln. Die Salatgurke schälen, längs halbieren,
1/2 Salatgurke	mit einem Löffel die Kerne herausschaben und die
2–3 Möhren	Gurkenhälften in nicht zu dünne Scheiben schneiden.
6 Strauchtomaten	Möhren putzen und fein raffeln. Strauchtomaten vierteln
5 EL neutrales Öl	oder achteln, dabei den Stielansatz entfernen.
1 EL Weißweinessig	Aus Öl, Essig, Senf, Zitronensaft und Zucker ein
1 TL Dijonsenf	Dressing rühren und mit Salz und Pfeffer abschmecken.
etwas Zitronensaft	Die Blattsalate mit der Vinaigrette vermischen und
1 Prise Zucker	auf 4 Teller verteilen. Darauf die übrigen Zutaten
Salz, frisch gemahlener Pfeffer	anrichten. Den Salat mit dünnen Scheiben der geräu-
1 geräucherte Gänsebrust	cherten Gänsebrust garnieren und mit frischem
frisches Baguette	Baguette servieren.

salade champenoise
endiviensalat mit geflügelleber

1 Endiviensalat	Den Salat waschen, trockenschleudern und in mund-
4 Strauchtomaten	gerechte Stücke zupfen. Tomaten in Achtel schneiden,
150 g Geflügelleber	dabei vom Stielansatz befreien. Geflügelleber waschen,
1 TL Butter	trockentupfen, evtl. halbieren. In der Butter kurz braten,
Salz, frisch gemahlener Pfeffer	salzen und pfeffern. Herausnehmen und im verbliebenen
50 g Lardons (Bacon-Bits)	Fett die Lardons rösten. Für die Vinaigrette Senf, Essig
1 TL Dijonsenf	und Zucker verquirlen, Olivenöl unter ständigem
1 1/2 EL Weißweinessig	Schlagen einlaufen lassen. Endiviensalat auf 4 Teller
1 Prise Zucker	verteilen, Tomaten, Leber und Speck darauf anrichten
6 EL Olivenöl	und mit der Vinaigrette beträufeln. Dazu frisches
frisches Baguette	Baguette servieren.

salade de printemps aux œufs de caille
frühlingssalat mit wachteleiern

1 Kopfsalat
1 Bund Radieschen
2 kleine Fenchelknollen
2–3 Stangen Staudensellerie
1 rote Paprikaschote
1 grüne Paprikaschote
180 g Gruyère am Stück
12 Wachteleier
1 Bund Schnittlauch
2 EL Weißweinessig
2 TL Dijonsenf
4 EL neutrales Öl
Salz
frisch gemahlener Pfeffer
1 Kästchen Kresse
100 g Crème fraîche

Den Kopfsalat waschen, verlesen, trockenschleudern und mit den Blättern 4 Teller auslegen. Das Gemüse putzen. Die Radieschen, die Fenchelknollen und den Staudensellerie in feine Scheiben schneiden. Die Paprikaschoten in schmale Streifen schneiden. Den Käse würfeln. Die Wachteleier in 5–6 Minuten hart kochen, abschrecken, pellen und halbieren. Den Schnittlauch waschen, trockentupfen und in feine Röllchen schneiden. Für die Vinaigrette Essig und Senf vermischen. Das Öl nach und nach mit dem Schneebesen unterarbeiten. Die Schnittlauchröllchen dazugeben und mit Salz und Pfeffer abschmecken. Das vorbereitete Gemüse, den Käse und die Wachteleier auf den Salatblättern anrichten und mit der Vinaigrette übergießen. Den Salat mit Kressesträußchen garnieren und mit aufgerührter Crème fraîche beträufeln.

Mit knusprigem Landbrot serviert, eignet sich dieser Salat sehr gut als leichtes Hauptgericht.
Wachteleier gibt es auch fertig gekocht im Glas zu kaufen. Diese sollten Sie abspülen und gut abtropfen lassen.

les soupes
suppen

Nicht um „Süppchen", um Bouillon und Consommé soll es hier gehen, sondern um rustikale Suppen mit sättigenden Einlagen. Sorgfältig zubereitete klare Fleisch- und Gemüsebrühen machen jedem feinen Menü alle Ehre, aber als sättigendes Tellergericht oder „potage du jour", der Tagessuppe, die sich auf vielen handgeschriebenen Speisekarten von Bistros & Co. findet, sind sie weniger geeignet.

Zugegeben, es mag etwas klischeehaft klingen, aber ich finde es einfach herrlich, mit netten Menschen um einen Tisch zu sitzen und auf den Suppentopf zu warten. Wenn die Terrine dann aufgetragen wird und der dampfende Inhalt köstliche Düfte verströmt, ertönen Ahs und Ohs, und man kann es kaum noch erwarten, endlich an der Reihe zu sein und den Teller gefüllt zu bekommen. Dazu ein Stück frisches Brot und einen schönen Schluck kräftigen Rotwein… das ist ein ganz rustikaler Hochgenuss. Suppen schmecken köstlich, und es macht viel Spaß, sie in einer fröhlichen Runde gemeinsam auszulöffeln.

Soupe au pistou
Rezept S. 28

bouquet garni
kräutersträußchen

Wenn nicht
anders angegeben:
3-4 Zweige Petersilie
1 Lorbeerblatt
2 Zweige frischer Thymian
oder 1/2 TL getrocknete
Thymianblätter

Aus frischen Kräuterstängeln ein Sträußchen binden und mit Küchengarn zusammenbinden. Lose oder getrocknete Zutaten in ein Stück Gaze oder Verbandsmull wickeln und mit Küchengarn zu einem kleinen Säckchen binden.

Das Bouquet garni verwendet man zum Aromatisieren von Suppen, Saucen und Eintöpfen. Man kann es am Ende der Garzeit bequem aus dem Gericht entfernen, ohne lange nach den Einzelteilen fischen zu müssen.

soupe à l'oignon
zwiebelsuppe

3-4 mittelgroße Zwiebeln
(geschält etwa 100 g)
40 g Butter
1 gestr. EL Mehl
1/2 l Fleischbrühe
1/4 l trockener Weißwein
1 TL Kümmelsamen
Salz
frisch gemahlener Pfeffer
8 Scheiben Baguette
100 g geriebener Gruyère

Die Zwiebeln schälen und in feine Ringe schneiden. In einem Schmortopf die Butter zerlassen und darin die Zwiebelringe bei schwacher Hitze etwa 15 Minuten weich schmoren, dabei mehrfach umrühren und darauf achten, dass die Zwiebeln nicht bräunen. Das Mehl darüber stäuben, Fleischbrühe, Weißwein und Kümmelsamen dazugeben, gut umrühren, mit Salz und Pfeffer abschmecken und die Suppe zugedeckt etwa 10 Minuten bei mittlerer Hitze köcheln lassen. Inzwischen den Backofen auf 220 °C vorheizen.
Die Brotscheiben toasten und je 2 in feuerfeste Suppentassen legen. Die Suppe über das Brot gießen und mit dem geriebenen Käse bestreuen.
Die Tassen auf der mittleren Schiene im Backofen ca. 5–7 Minuten überbacken, bis der Käse geschmolzen und goldbraun geworden ist.

Diese deftige Suppe schmeckt auch sehr gut, wenn sie zum Schluss mit einem Schuss Cognac (ca. 2 Zentiliter) parfümiert wird.

soupe de courge
kürbissuppe

250 g getrocknete weiße Bohnen
1 Schweinshaxe
1 mittelgroße Zwiebel
1 Bouquet garni (Rezept S. 26) mit
12 schwarzen Pfefferkörnern
1,5 kg Kürbis
Saft von 1/2 Zitrone
1 große Kartoffel
100 g fetter Speck
4 Knoblauchzehen
1 Scheibe Roggenbrot
1/2 l Milch
Salz
frisch gemahlener Pfeffer

Die Bohnen über Nacht in Wasser einweichen, abgießen und zusammen mit der Schweinshaxe, der geschälten und in feine Ringe geschnittenen Zwiebel und dem Bouquet garni in einen ausreichend großen Topf geben. 3/4 Liter Wasser angießen, aufkochen und 1 Stunde zugedeckt kochen lassen.

In dieser Zeit den Kürbis schälen, von den Kernen befreien, in nicht zu kleine Stücke schneiden und mit dem Zitronensaft beträufeln. Die Kartoffel schälen, vierteln und in Scheiben schneiden. Den Speck so klein schneiden, dass er zu einer Paste wird. Die Knoblauchzehen schälen und durchpressen. Alles zur Suppe in den Topf geben und 1 weitere Stunde köcheln lassen.

Nun die Brotscheibe der Länge nach halbieren, in schmale Streifen schneiden und diese in einer beschichteten Pfanne ohne Fett anrösten.

Am Ende der Garzeit das Bouquet garni aus der Suppe entfernen. Die Haxe herausnehmen, das Fleisch vom Knochen lösen, in kleine Stücke schneiden und zurück in die Suppe geben. Jetzt die Milch zugießen, umrühren, aufkochen lassen und mit Salz und Pfeffer abschmecken. Auf jede Portion etwas geröstetes Brot streuen.

Für 6 Personen

Wer keinen reifen, frischen Kürbis bekommt, kann auch Kürbis aus dem Glas verwenden. Dann wird das abgetropfte Fruchtfleisch aber erst 20 Minuten vor Ende der Kochzeit zugegeben.

soupe au pistou
gemüsesuppe mit pistou

500 g grüne Bohnen
2 Tomaten
3–4 mittelgroße Kartoffeln
(mehlig kochend)
200 g Muschelnudeln
Salz, Pfeffer aus der Mühle
3 Knoblauchzehen
3 Stängel frisches Basilikum
3 EL Olivenöl
2 EL frisch geriebener Gruyère
Baguette oder Landbrot

Die Bohnen putzen und in Stücke schneiden. Die Tomaten blanchieren, abziehen, von Stielansatz und Kernen befreien und ebenfalls fein würfeln. Die Kartoffeln schälen und fein würfeln. Das Gemüse mit 1,5 Litern Wasser aufsetzen und ca. 10 Minuten köcheln lassen. Nudeln zugeben und nach Packungsanweisung mitgaren. Mit Salz und Pfeffer abschmecken. Die Suppe sollte leicht sämig sein. Inzwischen für das Pistou Knoblauch schälen und durchpressen. Basilikum waschen, trockentupfen und die Blättchen fein hacken, mit dem Knoblauch mischen. Das Öl tröpfchenweise zufügen und alles zu einer Paste rühren. Die Suppe auf Teller verteilen, jeweils etwas Pistou und geriebenen Käse in die Mitte geben. Dazu Brot reichen.

aïgo boulido
knoblauchsuppe

8–10 große Knoblauchzehen
6 Salbeiblätter
2 Lorbeerblätter
3 Eigelb
2 EL Zitronensaft
100 ml kaltgepresstes Olivenöl
100 ml Sonnenblumenöl
30 g Butter
4 Scheiben Baguette
Salz
frisch gemahlener weißer Pfeffer
60 g geraspelter Gruyère

Die Knoblauchzehen schälen und in 1 Liter Wasser 10 Minuten kochen. Salbei- und Lorbeerblätter dazugeben und weitere 10 Minuten kochen.

Inzwischen aus Eigelben, Zitronensaft und Öl eine Mayonnaise rühren. Dazu die Eigelbe mit dem Zitronensaft verrühren, die beiden Ölsorten mischen und zuerst tropfenweise, dann in dünnem Strahl unter ständigem Rühren zufügen, so dass eine dickflüssige Creme entsteht. Jetzt die Kräuter aus der Suppe nehmen und die Knoblauchzehen in der Brühe mit dem Pürierstab zerkleinern.

Die Butter in einer Pfanne zerlassen und darin die Baguettescheiben von beiden Seiten anrösten.

Die Knoblauchbrühe durch ein feines Sieb gießen und nach und nach mit dem Schneebesen unter die Mayonnaise rühren. Dabei kräftig schlagen, damit das Eigelb nicht gerinnt. Die Suppe noch einmal erhitzen (aber nicht kochen), dabei weiterrühren, bis sie bindet und sämig wird. Mit Salz und Pfeffer würzen.

Auf Teller verteilen, jeweils 1 Scheibe geröstetes Brot in die Mitte legen, mit den Käseraspeln bestreuen und möglichst heiß servieren.

Das Rühren ist bei dieser Suppe ganz wichtig. Für die Mayonnaise kann man einen Handmixer nehmen. Falls die Suppe doch einmal gerinnen sollte, lässt sie sich mit dem Pürierstab leicht wieder glatt rühren.

cousinat
esskastaniensuppe

150 g Kartoffeln
2 Möhren
1 Stange Lauch
1 Stange Staudensellerie
2 kleine Schalotten
350 g Esskastanien
75 g durchwachsener Räucherspeck
1 Lorbeerblatt
1 Nelke
1 Eigelb
75 g Crème fraîche
Salz
frisch gemahlener Pfeffer
1 EL Butter
4 Scheiben Baguette

Den Backofen auf 250 °C vorheizen. Kartoffeln, Möhren, Lauch, Sellerie und Schalotten putzen bzw. schälen und grob würfeln. Die Kastanien auf der Blütenseite kreuzweise einritzen, auf ein Blech legen und ca. 20 Minuten im Backofen erhitzen, bis die Schalen aufgesprungen sind. Die Schalen und die pelzige Haut entfernen.
In einem Topf 1,5 Liter Wasser zum Kochen bringen. Kastanien, Gemüse, das Stück Speck, das Lorbeerblatt und die Nelke hineingeben. Etwas salzen, pfeffern und bei milder Hitze im zugedeckten Topf knapp 1 Stunde köcheln lassen.
Den Speck herausnehmen (er hat für dieses Rezept seine Schuldigkeit getan, schmeckt aber immer noch gut, z.B. mit scharfem Senf auf Schwarzbrot), ebenso Nelke und Lorbeerblatt. Die Suppe mit dem Mixstab pürieren.
Das Eigelb mit der Crème fraîche verquirlen, in die Suppe einrühren und damit binden. Jetzt darf die Kastaniensuppe nicht mehr kochen. Mit Salz und Pfeffer abschmecken.
Die Butter in einer Pfanne zerlassen und darin die Brotscheiben von beiden Seiten goldbraun anrösten. Das Brot zur Suppe reichen.

Meistens funktioniert das Schälen der Esskastanien ganz gut. Manchmal aber könnte man glatt verzweifeln, weil sich die pelzige Haut nur in mikroskopisch kleinen Stückchen entfernen lässt, wodurch dieses an sich einfache Rezept zur wahren Sisyphosarbeit wird. Deshalb habe ich es einmal mit geschälten und vakuumverpackten Esskastanien aus dem Supermarkt probiert – seitdem lasse ich Sisyphos seinen Felsbrocken alleine schleppen, denn die Suppe schmeckt auch mit den vorgeschälten Maronen ganz köstlich.

soupe aux moules
muschelsuppe mit pernod

1 kg frische Miesmuscheln
Saft von 1/2 Limette
1 Lorbeerblatt
2 Thymianzweige
1 Rosmarinzweig
einige Stängel glatte Petersilie
1 TL Fenchelsamen
3 Möhren
2 Kartoffeln
1 Gemüsezwiebel
2 Knoblauchzehen
1 kleine rote Chilischote
2 EL Olivenöl
3/4 l Geflügelfond (aus dem Glas)
2 Eigelb
25 ml Pernod
frisch gemahlener weißer Pfeffer
Salz
Cayennepfeffer
1/2 Bund Schnittlauch

Geflügelfond aus dem Glas ist
natürlich für den Puristen keine
wirkliche Alternative…
In diesem Fall jedoch haben die
Aromen von Muscheln, Pernod
und Kräutern genug Kraft, um auch
einen etwas schwächlichen Fond zu
stützen. Aber schlechter wird
die Suppe mit selbst gemachtem
Geflügelfond sicher nicht!

Die Miesmuscheln sorgfältig unter fließendem kaltem Wasser abbürsten, von den Bärten befreien, offene Exemplare wegwerfen. In einem großen Topf 1 Tasse Wasser und den Limettensaft aufkochen. Die Muscheln hineingeben, Lorbeerblatt, Thymian, Rosmarin, Petersilie (im Ganzen) und Fenchelsamen darüber streuen und im geschlossenen Topf bei starker Hitze 5 Minuten kochen, dabei ab und zu rütteln. Die Muscheln im offenen Topf abkühlen lassen, geschlossene Exemplare entfernen. Möhren, Kartoffeln, Zwiebel und Knoblauch schälen, die Chilischote längs halbieren, von den Kernen befreien (Achtung: Während der nächsten Stunden sollten Sie sich nicht mit den Händen an den Augen reiben, denn dann fließen die Tränen, weil die Schote so scharf ist!). Alles fein würfeln. In einem zweiten Topf das Olivenöl nicht zu stark erhitzen und die Gemüsewürfel darin 5 Minuten dünsten, dabei ab und zu umrühren. Den Geflügelfond angießen, den Deckel auflegen und bei milder Hitze ca. 15 Minuten köcheln lassen. Dann alles mit dem Mixstab pürieren.

Das Muschelfleisch aus den Schalen lösen. Den Muschelsud durch ein Sieb gießen und zur Gemüsesuppe geben. Eigelbe, Pernod und 2 Esslöffel Suppe verquirlen und mit dem Schneebesen unterrühren.

Falls nötig, die Suppe wieder erhitzen, aber nicht mehr kochen lassen. Das Muschelfleisch in die Suppe geben und darin erwärmen. Mit Pfeffer, Salz und ein wenig Cayennepfeffer abschmecken. Zu guter Letzt den Schnittlauch waschen, in Röllchen schneiden und über die Suppe streuen.

soupe de poissons
fischsuppe mit rouille

Für die Suppe:
3 EL Olivenöl
1 mittelgroße Zwiebel
2 Knoblauchzehen
600-700 g Fisch (2-3 verschiedene
Sorten, z.B. Kabeljau, Seelachs,
Sardinen, Rotbarsch,
Dorade oder Rotbarbe)
1 Stange Lauch
1/2 Stange Staudensellerie
250 g Tomaten
1 Bouquet garni (Rezept S. 26)
150 ml Rotwein
5 schwarze Pfefferkörner
1 g Safran
Salz
frisch gemahlener Pfeffer

Für die Rouille:
1 rote Chilischote
3 Knoblauchzehen
3 Scheiben Toastbrot
1/8 l Olivenöl
1 TL Tomatenmark

Außerdem:
etwa 1/2 Baguette
150 g fein geriebener Gruyère

Für die Suppe das Olivenöl in einem Topf erhitzen. Die Zwiebel und den Knoblauch schälen, fein hacken und im Öl glasig dünsten, aber nicht bräunen. Den Fisch säubern, in mittelgroße Stücke schneiden, zu den Zwiebeln geben und einige Minuten anbraten. Lauch und Staudensellerie putzen und in feine Ringe schneiden. Die Tomaten vom Stielansatz befreien und würfeln. Gemüse, Bouquet garni, Rotwein und Pfefferkörner zum Fisch geben und mit 1 Liter Wasser auffüllen. Im geschlossenen Topf bei milder Hitze gut 1/2 Stunde köcheln lassen. Dann die Suppe durch ein Sieb streichen. Damit viel Aroma, vor allem vom Fisch, in die Suppe gelangt, sollte sehr gründlich passiert werden. Am besten große Gräten, Flossen und Fischköpfe noch vorher entfernen. Den Safran zur Suppe geben und noch einmal ca. 15 Minuten leicht köcheln lassen. Mit Salz und Pfeffer abschmecken.

Für die Rouille die Chilischote längs halbieren, von Kernen befreien, so fein wie möglich hacken. Die Knoblauchzehen schälen, durchpressen und mit den Chiliwürfelchen vermischen. Vom Toastbrot die Rinde abschneiden, die Scheiben kurz in kaltem Wasser einweichen und gut ausgedrückt zu der Chili-Knoblauch-Mischung geben. Jetzt das Olivenöl unter ständigem Rühren nach und nach einarbeiten, bis eine homogene Creme entstanden ist. Das kann gut mit dem Handmixer auf kleiner oder mittlerer Stufe gemacht werden. Zuletzt das Tomatenmark unterrühren.

Das Baguette in dünne Scheiben schneiden und toasten. Die Rouille und den geriebenen Käse getrennt dazu reichen, damit sich jeder seine „Suppeneinlage" selbst bereiten kann: Ein Stück Brot mit Rouille bestreichen, Käse darüber streuen, in den Suppenteller legen und mit heißer Suppe übergießen.

Da Deutschland bekanntlich nicht am Mittelmeer liegt, können wir nicht mal eben zum Hafen gehen, um jene kleinen „Suppenfische" zu erstehen, die nicht viel Fleisch haben, diesem Gericht jedoch genau das richtige Aroma geben. Für diese Suppe müssen es eben nicht die feinsten Fischfilets sein, und wer die Möglichkeit hat, frischen Fisch zu kaufen, fragt den Fischhändler nach Köpfen und Schwanzstücken, um die Auswahl preiswert zu variieren.

Und noch ein kleiner Tipp, falls Sie ganze Safranfäden verwenden: Um das ganze Aroma aufzuschließen, zerreibe ich die Safranfäden mit wenig Salz im Mörser oder mit einem Teelöffel auf einer Untertasse, bevor ich sie zur Suppe gebe.

eierspeisen
& würzige tartes
les oeufs et les tartes

Quiche Lorraine und Zwiebelkuchen dürfen nicht
fehlen, wenn es um Bistroküche geht. Diese Klassiker
der kleinen französischen Küche gelingen leicht, wenn
man bei der Zubereitung der Pâte brisée, der wunder-
bar mürben Grundlage aller Tartes, etwas Sorgfalt
walten lässt. Ob Party, Picknick oder einfach nur ein
kleines Abendessen in geselliger Runde, die würzigen
Tartes eignen sich für viele Gelegenheiten.
Und wenn Sie Lust haben, lassen Sie sich von diesen
Rezepten zu eigenen Tarte-Kreationen anregen.
Auch das Ei hat die Küche Frankreichs zu leckeren
Variationen inspiriert. Nichts gegen Spiegel- und
Rührei, aber ein zartes Omelett mit grünem Spargel
oder würzigem Paprikagemüse ist schon eine beson-
ders delikate Variante dieses weltweit verbreiteten
Lebensmittels. Und wenn dann die Hühner noch
Maiskörner picken durften und kein Fischmehl verab-
reicht bekommen haben, steht dem Genuss nichts
mehr im Wege.

Quiche aux carottes
Rezept S. 38

pâte brisée
mürbeteig

250 g Mehl
1/2 TL Salz
125 g Butter
60–80 ml eiskaltes Wasser
oder
1 Eigelb, dann aber nur
2 EL eiskaltes Wasser

Das Mehl in eine Schüssel sieben und das Salz darüber streuen. Die Butter in Stücken auf dem Mehl verteilen, mit dem Messer zerhacken und so mit dem Mehl vermischen, bis die Masse krümelig ist. Die Krümel mit den Fingern zerreiben, bis das ganze Mehl gebunden ist. Wenn Sie kein Eigelb verwenden möchten, nun das Wasser in den Teig kneten. Nicht zu viel, denn der Teig muss homogen sein und darf nicht kleben.
Im anderen Fall das Eigelb in die Mitte der Butter-Mehl-Mischung setzen und mit 2 Esslöffeln kaltem Wasser einkneten. Die Masse schnell zu einer Kugel formen, in Klarsichtfolie einwickeln und für wenigstens 1 Stunde oder über Nacht in den Kühlschrank stellen. Den gut durchgekühlten Teig je nach Rezept weiterverarbeiten.

tarte à la moutarde
tomaten-senf-tarte

1 Pâte brisée (Rezept oben)
Butter für die Form
2 EL Dijonsenf
ca. 60 g Gruyère, gerieben oder
in Scheiben
ca. 500 g Tomaten

Eine Tarteform mit gewelltem Rand einfetten und mit dem Teig auslegen. Den Boden großzügig mit Senf bestreichen. Darauf den Käse verteilen. Die Tomaten vom Stielansatz befreien und in dicke Scheiben schneiden. Die Tarte mit sich überlappenden Tomatenscheiben dachziegelförmig belegen. Im auf 200 °C vorgeheizten Backofen ca. 25 Minuten backen.

quiche lorraine
lothringer schinkentorte

300 g Schinkenspeck
2 mittelgroße Zwiebeln
2-3 Knoblauchzehen
1 Bund glatte Petersilie
4 Eier
200 ml Sahne
200 g fein geriebener Gruyère
Salz
frisch gemahlener Pfeffer
1 Pâte brisée (Rezept links)
Butter für die Form

Falls die Oberfläche der Quiche vor Ablauf der Backzeit zu stark bräunt, decken Sie diese mit Alufolie ab. Quiche lorraine schmeckt am besten lauwarm und ergibt zusammen mit einem gemischten Salat eine komplette Mahlzeit.

Für den Belag den Schinkenspeck fein würfeln, die Zwiebeln schälen und fein hacken, die Knoblauchzehen schälen und durchpressen. Die Petersilie waschen, trockentupfen, Blättchen von den Stängeln zupfen und fein hacken. Alles miteinander vermischen.

Die Eier verquirlen, die Sahne und den geriebenen Käse darunter rühren, mit Salz und Pfeffer würzen (je nachdem, wie würzig der Schinkenspeck ist, sollten Sie nur vorsichtig salzen). Den Backofen auf 220 °C vorheizen.

Den gut gekühlten Teig kurz mit den Händen durchkneten, flach drücken und eine gefettete Springform von 28 Zentimetern Durchmesser damit auslegen. Etwa 3 Zentimeter Rand hochziehen. Damit der Boden schön mürbe wird, sollte er vorgebacken werden. Dazu einige Male mit einer Gabel einstechen, mit Alufolie bedecken, getrocknete Erbsen oder Bohnen einfüllen und bei 220 °C im Backofen auf der unteren Schiene ca. 12 Minuten backen. Dann die Hülsenfrüchte und die Folie herausnehmen und die Form noch ein paar Minuten in den Ofen stellen, bis auch der Boden leicht zu bräunen beginnt.

Die Speckmischung auf dem Boden verteilen und die Eiersahne darüber gießen. Die Quiche bei 250 °C auf der mittleren Schiene in ca. 25 Minuten fertig backen.

quiche aux carottes
möhrenquiche mit salbei

1 Pâte brisée (Rezept S. 36)
Butter für die Form
700 g Möhren
2 Schalotten
2 Knoblauchzehen
150 g entsteinte schwarze Oliven
2 EL Olivenöl
12–15 frische Salbeiblätter
3 Eier
300 ml Sahne
Salz
frisch geriebene Muskatnuss
frisch gemahlener Pfeffer

Wie die meisten Quiches oder Tartes wird auch die Möhrenquiche lauwarm serviert, schmeckt aber auch kalt sehr gut.

Eine gebutterte Tarte- oder Springform mit dem Teig auslegen und vorbacken, wie im Rezept für die Quiche lorraine (S. 37) beschrieben. Die Möhren putzen, in 1/2 Zentimeter dicke Scheiben schneiden. 5 Minuten in Salzwasser blanchieren, mit Eiswasser abschrecken und in einem Sieb abtropfen lassen. Die Schalotten und den Knoblauch schälen und fein hacken. Die Oliven der Länge nach vierteln. Das Olivenöl in einer Pfanne erhitzen und darin Schalotten, Knoblauch und Oliven kurz andünsten.

Die Salbeiblätter waschen, trockentupfen, in feine Streifen schneiden und dazugeben. Die Möhren unterheben und alles zusammen noch 1–2 Minuten weiterschmoren lassen. Die Pfanne vom Herd nehmen, damit das Gemüse etwas abkühlen kann.

In der Zwischenzeit die Eier und die Sahne verrühren und mit Salz (Vorsicht: Wenn die Oliven schon recht salzig sind, jetzt nur noch wenig salzen), Muskat und Pfeffer herzhaft abschmecken. Die Möhrenmischung auf dem vorgebackenen Quicheboden verteilen, die Eiersahne darüber gießen und im vorgeheizten Backofen auf der untersten Schiene bei 220 °C 25 Minuten fertig backen.

tarte aux oignons
zwiebelkuchen

1 Pâte brisée (Rezept S. 36)
1 kg Gemüsezwiebeln
3 EL Butter
1 Msp. geriebene Muskatnuss
1 TL Kümmelsamen
Salz
frisch gemahlener Pfeffer
20 g Mehl
2 Eier
100 g Crème fraîche

Auch der Zwiebelkuchen wird lauwarm gegessen. Kümmel muss nicht unbedingt hinein, macht den Kuchen aber besser verträglich.

Die Zwiebeln schälen und in feine Ringe schneiden. 2 Esslöffel Butter in einem Topf schmelzen und darin die Zwiebelringe bei mäßiger Hitze glasig schmoren, aber nicht zu stark bräunen. Mit Muskatnuss, Kümmel, Salz und Pfeffer würzen. Das Mehl darüber stäuben und gut untermischen. Den Topf vom Herd nehmen und einige Minuten abkühlen lassen. Die Eier mit der Crème fraîche verquirlen und unter die Zwiebelmasse rühren. Den Backofen auf 220 °C vorheizen. Den gekühlten Teig mit den Händen kurz durchkneten, flach drücken und eine gebutterte Springform von 28 Zentimetern Durchmesser damit auslegen. Einen Rand hochziehen und den Tarte-Boden vorbacken, wie im Rezept für die Quiche Lorraine (S. 37) beschrieben. Die Zwiebelmasse auf dem vorgebackenen Boden verteilen. Die Tarte im vorgeheizten Backofen bei 220 °C auf der mittleren Schiene in ca. 30 Minuten goldbraun backen.

clafoutis aux tomates
eierkuchen mit kirschtomaten

500 g kleine Kirschtomaten
2–3 EL Olivenöl
1 TL frische Thymianblättchen
8 Eier
300 ml Sahne
Salz
frisch gemahlener Pfeffer
gebuttertes Baguette

Die Tomaten waschen und die Stielansätze entfernen. In eine ofenfeste Form füllen und mit dem Olivenöl vermischen. Mit den Thymianblättchen bestreuen und im vorgeheizten Backofen auf der mittleren Schiene bei 175 °C 25–30 Minuten garen.
Die Eier mit der Sahne verquirlen, mit Salz und Pfeffer würzen und über die Tomaten gießen. Für weitere 15 Minuten in den Backofen stellen, bis die Masse gestockt ist. Heiß mit gebuttertem Baguette genießen.

Dieses Gericht sieht sehr hübsch aus, wenn man es in kleinen Portionspfännchen zubereitet. Besonders köstlich ist dieser Eierkuchen mit Gewürztomaten, die jedoch nur selten zu bekommen sind. Aber fragen Sie mal ihren Gemüsehändler danach, es lohnt sich! Variante: 350 Gramm Tomaten mit ca. 200 Gramm geviertelten braunen Champignons mischen.

œufs à la bordelaise
eier in rotweinsauce

2 TL Zucker
300 ml roter Bordeaux
50 ml Fleischbrühe oder -fond
1 Schalotte
1 kleines Bouquet garni
(Rezept S. 26)
Salz
frisch gemahlener Pfeffer
3 EL Butter
1 EL Mehl
1 Knoblauchzehe
3 Stängel glatte Petersilie
4 Eier
4 Scheiben Toastbrot

Den Zucker in einer Pfanne schmelzen und zu hellbraunem Karamell werden lassen. Mit Rotwein und Fleischbrühe oder -fond ablöschen. Die Schalotte schälen, fein hacken und zusammen mit dem Bouquet garni zum Rotwein geben. Mit Salz und Pfeffer würzen und etwa 20 Minuten bei milder Hitze offen köcheln lassen.

2 Esslöffel Butter mit dem Mehl verkneten und kalt stellen. Die Knoblauchzehe schälen und durchpressen. Die Petersilie waschen, trockentupfen, die Blättchen von den Stängeln zupfen und fein hacken. Beides in die Rotweinsauce einrühren und weitere

5 Minuten köcheln lassen. Die Sauce durch ein feines Sieb oder ein Tuch in einen weiten, flachen Topf gießen und zum Kochen bringen. Die Eier nacheinander in eine Schöpfkelle schlagen, vorsichtig in die leicht siedende Sauce gleiten lassen und in etwa 3 Minuten pochieren.

Das Toastbrot in der restlichen Butter knusprig braten und auf vorgewärmten Tellern anrichten. Auf jede Scheibe Brot ein Ei legen, die Sauce noch einmal aufkochen und die Mehlbutter stückweise mit dem Schneebesen in die kochende Sauce rühren. Die gebundene Sauce evtl. noch einmal mit Salz und Pfeffer abschmecken, auf den Eiern verteilen und heiß servieren.

Nur ganz frisches Eiweiß stockt sofort in der kochenden Sauce, ohne zu zerlaufen. Etwas einfacher ist es, die Eier getrennt von der Sauce zu pochieren. Dazu füllt man einen breiten, nicht zu hohen Topf zu 3/4 mit Wasser, gibt pro Liter Wasser 1 Esslöffel Essig hinzu und lässt es sprudelnd kochen. Jetzt schlägt man die Eier einzeln in eine Schöpfkelle und lässt sie nacheinander in das kochende Wasser gleiten. Bei milder Hitze garen die Eier in ca. 3 Minuten.

omelette aux asperges vertes
omelett mit grünem spargel

1 Bund grüner Spargel
1 Prise Zucker
3 EL Butter
frisch gemahlener Pfeffer
8 Eier
Salz

Damit aus dem Omelett kein Rührei wird, muss alles sehr schnell gehen. Ein perfektes Omelett sollte in gut 1 Minute auf dem Teller liegen, weshalb auch eine höhere Temperatur benötigt wird als für Rühreier. Grundsätzlich sollte man höchstens 8 Eier auf einmal verarbeiten. Leichter zu handhaben sind jedoch kleinere Mengen. Also backen Sie lieber ein paar Omeletts nacheinander.

Den Spargel waschen, am Ende etwa 1 Zentimeter abschneiden und die Stangen in mundgerechte Stücke teilen. Diese in leicht gesalzenem Wasser unter Zugabe von Zucker und einem kleinen Stich Butter in ca. 12 Minuten bissfest kochen.
Den gegarten Spargel gut abtropfen lassen. 1 Esslöffel Butter in einer Pfanne erhitzen und die Spargelstücke 1–2 Minuten darin schwenken. Leicht pfeffern und beiseite stellen. Die Eier in eine Schüssel geben, leicht salzen und mit einer Gabel in wenigen Bewegungen durchschlagen. In einer großen beschichteten Pfanne die restliche Butter erhitzen, bis sie gerade anfängt zu bräunen. Die Eiermasse in die Pfanne gießen und jetzt schnell das am Pfannenrand stockende Ei mit einer Gabel zur Mitte hin bewegen, damit ein gleichmäßiges Garen erreicht wird.
Dabei die Pfanne leicht hin und her bewegen. Wenn sich dann am Pfannenboden eine feste Eischicht gebildet hat, die Ober-fläche des Omeletts aber noch leicht flüssig ist, werden die Spargelstücke, bis auf die Spitzen, darauf gegeben.
Jetzt das Omelett von einer Seite vorsichtig aufrollen, dann die Pfanne schräg halten und es mit einem kleinen Ruck zum Pfannenrand rutschen lassen. Das so zusammengerollte Omelett auf eine vorgewärmte Platte gleiten lassen und mit den Spargelspitzen garnieren.

Es gibt sicher hunderte von Variationen für Omelettfüllungen. Mit dreien möchte ich Ihre Fantasie anregen:
Für ein Kräuteromelett mischt man pro Person 1 Esslöffel gehackte Kräuter (z.B. Basilikum, Kerbel, Koriander, Estragon, Salbei, Petersilie) unter die Eiermasse.
Für eine Krabbenfüllung werden pro Person ca. 50 Gramm Krabben in zerlassener Butter geschwenkt und zum Schluss mit Dill oder auch Koriander garniert.
Für eine Tomatenfüllung werden aromatische Tomaten gewürfelt, gesalzen, gepfeffert und zusammen mit einigen frischen gehackten Rosmarinnadeln 3–4 Minuten in heißer Butter geschwenkt.

omelette la pipérade
paprikaomelett

2 rote und 2 gelbe Paprikaschoten
4 große Fleischtomaten
1 große Zwiebel
1 Knoblauchzehe
1 frische Chilischote
3-4 EL Olivenöl
1 Lorbeerblatt
1 Zweig frischer Thymian
Salz
frisch gemahlener Pfeffer
1/2 Bund glatte Petersilie
6 Eier
1 TL Gänseschmalz oder Butter
8 kleine Scheiben
mild geräucherter Schinken

Die Paprikaschoten putzen, entkernen, von weißen Innenhäuten befreien und in Streifen schneiden. Die Tomaten blanchieren, häuten, von Stielansatz und Kernen befreien und in
kleine Würfel schneiden. Die Zwiebel schälen und in feine
Ringe schneiden. Die Knoblauchzehe schälen und in dünne
Scheiben schneiden.

Die Chilischote halbieren, entkernen und fein hacken. Das
Olivenöl in einem Schmortopf erhitzen und die Zwiebel-
ringe darin goldbraun anbraten. Paprika, Tomaten, Knoblauch,
Chilischote, Lorbeerblatt und Thymianzweig dazugeben. Mit
Salz und Pfeffer würzen und zugedeckt bei milder Hitze
knapp 30 Minuten schmoren lassen, bis alle überschüssige
Flüssigkeit verdunstet ist.

Inzwischen die Petersilie waschen, trockentupfen, die Blättchen von den Stängeln zupfen und sehr fein hacken. Die Eier
in eine Schüssel schlagen und mit dem Schneebesen leicht
schaumig verquirlen. Petersilie zufügen und mit Salz und
Pfeffer würzen. Die Eiermasse über das Gemüse im Schmortopf gießen und kurz stocken lassen. In einer Pfanne das
Schmalz erhitzen und die Schinkenscheiben darin anbräunen.
Die fertige Pipérade mit dem Schinken servieren.

les
gemüsegerichte
légumes

Es gibt so viele verschiedene Gemüse und so varian-
tenreiche Zubereitungsformen für diese, dass es viel
zu schade ist, ihnen nur den Platz einer Beilage am
Tellerrand zuzuweisen.

Die französische Küche kennt wunderbare Rezepte,
in denen das Gemüse seine Eignung zur Hauptrolle
unter Beweis stellen und den ganzen Teller füllen darf.
Ob edles Steinpilzragout oder Grand aïoli, für eine
gesellige Runde mit Freunden oder in der Familie, die
Gemüsevielfalt bietet je nach Anlass und Geschmack
die passende Variante.

Grand aïoli,
Rezept S. 46

grand aïoli
gemüseplatte mit aïoli

Für das Aïoli:
1 Scheibe Toastbrot
1 kleines Glas Milch
6-8 Knoblauchzehen
1 frisches Eigelb
1/2 l Olivenöl
Saft von 1/2 Zitrone
1 Prise Zucker
Salz
frisch gemahlener Pfeffer

Für die Gemüseplatte:
2 Bund Möhren
500 g grüne Bohnen
2 Bund Frühlingszwiebeln
2 Fenchelknollen
8 mittelgroße Kartoffeln
(fest kochend)
8 Eier
16 Sardellenfilets
Kichererbsen aus dem Glas
2 gekochte Rote Beten
Baguette

Für das Aïoli vom Toastbrot die Rinde abschneiden und das Brot in der Milch einweichen. Gut ausdrücken und in eine Schüssel geben. Die Knoblauchzehen schälen und dazupressen. Das Eigelb zugeben und alles gut verrühren. Jetzt das Olivenöl in dünnem Strahl dazugießen, dabei ständig kräftig mit dem Schneebesen schlagen, bis eine mayonnaiseartige Creme entsteht. Das Aïoli mit Zitronensaft, Zucker, Salz und viel Pfeffer kräftig abschmecken.

Für die Gemüseplatte die Möhren, die grünen Bohnen und die Frühlingszwiebeln putzen und im Ganzen in Salzwasser garen. Die Fenchelknollen putzen, vierteln und ebenfalls garen. Alle Gemüse sollten noch etwas Biss haben und nicht zu weich gekocht sein.

Die Kartoffeln in der Schale gar kochen. Die Eier wachsweich kochen, abschrecken, pellen, halbieren und mit je einem Sardellenfilet belegen. Die Kichererbsen abgießen, kurz mit kaltem Wasser überbrausen und abtropfen lassen. Die Roten Beten achteln.

Das Gemüse auf einer großen Platte anrichten. Das Aïoli auf ein oder zwei Schälchen verteilen und mit frischem Baguette zum Gemüse reichen.

Für 8 Personen

Im Mittelpunkt dieses geselligen Gerichtes steht natürlich das Aïoli. Die Zutaten der Gemüseplatte sind ganz Ihrer Fantasie überlassen. Sehr gut passen auch Artischocken, blanchierte Blumenkohl- oder Brokkoliröschen dazu. Wenn Sie es etwas üppiger lieben, können Sie die Gemüseplatte auch noch mit gedünstetem Fisch ergänzen.
Vorzüglich schmeckten auch kleine Tintenfische dazu, die in einer Pfanne mit etwas Olivenöl bei mittlerer Hitze in ca. 20 Minuten zugedeckt gegart werden.

ratatouille
gemüseeintopf

3 Zucchini
3 rote oder gelbe Paprikaschoten
2–3 Auberginen
3 große Fleischtomaten
2 Zwiebeln
100 ml Olivenöl
3 Knoblauchzehen
1–2 TL Kräuter der Provence
Salz
frisch gemahlener Pfeffer

Das Gemüse putzen. Die Zucchini in dicke Scheiben schneiden. Die Paprikaschoten entkernen, von weißen Innenhäuten befreien und in Streifen schneiden.
Die Auberginen der Länge nach vierteln und dann in Scheiben schneiden. Die Tomaten blanchieren, häuten, vom Stielansatz befreien und in grobe Würfel schneiden. Die Zwiebeln schälen und achteln.
Das Olivenöl in einem Schmortopf erhitzen und alles Gemüse außer den Tomaten darin anbraten. Den Knoblauch schälen, dazupressen, mit Kräutern der Provence, Salz und Pfeffer kräftig würzen. Die Tomaten zufügen, den Deckel auflegen und alles bei geringer Temperatur 15–20 Minuten schmoren. Die Tomaten geben so viel Flüssigkeit ab, dass der Eintopf nicht anbrennen kann.

Für 4–6 Personen

Die Ratatouille können Sie mit Baguette als köstliches fleischloses Hauptgericht essen oder als Beilage zu Lamm oder gegrilltem Fleisch servieren. Für eine besonders herzhafte Variante bestreuen Sie das Gemüse zum Schluss mit geriebenem Gruyère oder Parmesan, setzen einige Butterflöckchen darauf und überbacken die Ratatouille unter dem Grill, bis der Käse eine schöne goldbraune Farbe bekommt.

artichauts farcis
gefüllte artischocken

Für die Füllung:
500 g Champignons
1/2 Bund glatte Petersilie
200 g Hackfleisch,
halb Rind, halb Schwein
Salz
frisch gemahlener Pfeffer
1 EL Sahne

Für die Artischocken:
4 große Artischocken
Saft von 1/2 Zitrone
Salz
4 dünne Scheiben fetter Speck
1 EL Butter
2 EL Olivenöl
1/2 Flasche trockener Weißwein

Für die Füllung die Pilze putzen und gut ein Drittel davon klein hacken, den Rest ganz lassen oder vierteln, wenn die Pilze sehr groß sind. Die Petersilie waschen, trockentupfen, die Blättchen von den Stängeln zupfen und fein hacken. Das Hackfleisch mit den gehackten Pilzen und der Petersilie gut vermengen. Mit Salz und Pfeffer würzen und die Sahne unterrühren.

Von den Artischocken die zähen äußeren Blätter entfernen, den Strunk knapp abschneiden. Dann die Spitzen der verbliebenen Blätter abschneiden, am besten mit einer Küchenschere. Die Schnittstellen mit Zitronensaft einreiben, damit sie sich nicht verfärben. Mit einem Teelöffel den inneren haarigen Blütenkelch sorgfältig entfernen. Die so vorbereiteten Artischocken 10 Minuten in kochendem Salzwasser blanchieren, dann abschrecken und abtropfen lassen.

Die Artischocken mit der Hackfleischmasse füllen. Jeweils eine Scheibe Speck um die Blüte wickeln und diese mit Küchengarn festbinden. In einem Topf, in dem die Artischocken nebeneinander stehen können, die Butter und das Öl erhitzen. Die Artischocken und die restlichen Pilze hineingeben, leicht anbräunen lassen, salzen und pfeffern und den Wein angießen. Alles zugedeckt 1 1/2 Stunden bei mäßiger Hitze dünsten.

galette lyonnaise
lyoner kartoffelfladen

1 kg Kartoffeln
(mehlig kochend)
Salz
4 mittelgroße Zwiebeln
180 g Butter
frisch geriebene Muskatnuss
frisch gemahlener Pfeffer

Die Kartoffeln schälen, in Salzwasser gar kochen und zerstampfen. Die Zwiebeln schälen und in dünne Ringe schneiden. 4 Esslöffel Butter in einem großen Topf erhitzen und darin die Zwiebeln goldbraun rösten. Die Hälfte der restlichen Butter und die gestampften Kartoffeln dazugeben. Gut mit Muskat, Salz und Pfeffer würzen. Alles gut miteinander vermischen, die Masse auf ein Backblech häufen und zu einem dicken Fladen verstreichen. Die restliche Butter in Flöckchen darauf verteilen. 3–5 Minuten unter dem Grill überbacken, bis die Oberfläche zu bräunen beginnt.

Diese gratinierten Kartoffeln schmecken köstlich als Beilage zu einem Steak oder anderem gegrillten Fleisch.

cèpes à la bordelaise
steinpilze auf bordelaiser art

1 kg Steinpilze
150 g roher Schinken
1/2 Bund glatte Petersilie
2 Knoblauchzehen
Saft von 1/2 Zitrone
60 g Butter
3 Schalotten
2 EL Paniermehl
4 EL Olivenöl
Salz
frisch gemahlener Pfeffer
1/2 Bund Kerbel

Die Steinpilze putzen, aber nicht waschen. Köpfe und Stiele trennen. Kleinere Köpfe ganz lassen, größere in dicke Scheiben schneiden. Die Stiele in einer heißen Pfanne ohne Fett kurz anrösten, damit sie Wasser abgeben. Die abgekühlten Pilzstiele und den Schinken fein hacken. Die Petersilie waschen, trockentupfen, die Blättchen von den Stängeln zupfen, ebenfalls fein hacken und zu den Pilzstielen geben. Die Knoblauchzehen schälen und dazupressen. Die Hälfte des Zitronensaftes darüber gießen und alles miteinander vermischen.

Die Butter in einem Schmortopf schmelzen. Die Schalotten schälen, fein hacken und zusammen mit dem Paniermehl unter Rühren 2–3 Minuten in der heißen Butter andünsten. Die Hitze herunterstellen und die Hälfte der Pilzstielmischung zu den Schalotten geben. Die Steinpilzhüte darauf verteilen und mit dem Rest der Stielmischung bedecken. Das Olivenöl darüber träufeln, salzen und pfeffern. Die Pilze im zugedeckten Topf bei sehr milder Hitze 35–40 Minuten garen.

Den Kerbel waschen, trockentupfen, die Blättchen von den Stielen zupfen, grob hacken und über die gegarten Pilze streuen. Mit dem restlichen Zitronensaft beträufeln und heiß im Topf servieren.

jardinière de légumes provençales
gemüseplatte mit sardellen und oliven

450 g kleine neue Kartoffeln
(fest kochend)
Salz
1 Blumenkohl von ca. 800 g
100 g Sardellen
150 ml Olivenöl
4 EL Zitronensaft
3 Frühlingszwiebeln
1 kleines Glas Kapern
200 g Oliven (schwarze und grüne)
frisch gemahlener Pfeffer

Die Kartoffeln unter fließendem Wasser abbürsten und etwa 15 Minuten in Salzwasser kochen, abgießen. In der Zwischenzeit den Blumenkohl putzen, in nicht zu kleine Röschen teilen, 12 Minuten in Salzwasser garen und abtropfen lassen. Die Sardellenfilets abtropfen lassen und ein Drittel davon in 2 Esslöffeln Olivenöl mit einem Löffel fein zerreiben. Das restliche Öl und den Zitronensaft zugeben und alles zu einer glatten Sauce verrühren.

Die Pellkartoffeln ungeschält in etwas dickere Scheiben schneiden, vorsichtig salzen (je nachdem, wie salzig die Sardellen sind) und für ca. 15 Minuten in einem Teil der Sauce marinieren. Inzwischen die Frühlingszwiebeln putzen und in feine Ringe schneiden. Die Kapern abtropfen lassen. Die marinierten Kartoffeln zusamen mit den Blumenkohlröschen auf einer großen Platte anrichten. Die restliche Sauce über den Blumenkohl träufeln. Die Platte mit den Frühlingszwiebeln, den Kapern, den Oliven und den restlichen Sardellen garnieren. Reichlich mit grob gemahlenem Pfeffer würzen.

Neue Kartoffeln schmecken sehr gut mit der Schale. Sind die Kartoffeln schon älter, werden sie besser nach dem Kochen gepellt.

endives à l'ardennaise
chicorée mit gruyère

6 Stauden Chicorée
400 ml Sahne
Salz
frisch gemahlener Pfeffer
150 g frisch geriebener Gruyère
1 Prise Zucker
1 EL Paniermehl
1–2 EL Butter

Die Chicoréestauden putzen, längs halbieren und den bitteren Keil aus dem Strunk herausschneiden. Die Hälften nebeneinander in eine große Pfanne legen und mit gerade so viel Sahne begießen, dass das Gemüse bedeckt ist. Mit Salz und Pfeffer würzen. Die Pfanne abdecken und den Chicorée bei milder Hitze etwa 25 Minuten garen. Den Backofen auf 220 °C vorheizen.

Die Stauden vorsichtig aus der Pfanne nehmen, etwas abtropfen lassen und in eine ofenfeste Auflaufform legen. Die restliche Sahne in die Pfanne gießen, in der der Chicorée gekocht wurde, und mit der dort verbliebenen Sauce mischen. Eine Prise Zucker hineingeben und etwas einkochen lassen – es sollte wieder so viel Flüssigkeit entstehen, dass sie das Gemüse gerade bedeckt. Ein Drittel des geriebenen Käses in der Sahne schmelzen, bis eine glatte, cremige Sauce entsteht. Die Sauce über das Gemüse gießen. Den restlichen Käse auf dem Chicorée verteilen, das Paniermehl darüber streuen und einige Butterflöckchen darauf setzen. Im vorgeheizten Backofen auf der mittleren Schiene in etwa 10 Minuten gratinieren, bis der Käse goldgelb geworden ist.

Mit Chicorée treiben die Sprachen ein verwirrendes Spiel: Was wir unter Chicorée verstehen, heißt in Frankreich „endives". Und wer in Frankreich „chicorée" bestellt, bekommt Endiviensalat. – Alles klar?

les plâts
tellergerichte
du jour

„Was gibt es heute zu essen?" – Lassen Sie sich inspirieren vom Angebot Ihrer bevorzugten Einkaufsquelle. Vielleicht ist ja gerade Muschelzeit, oder der Geflügelhändler auf dem Markt bietet frische junge Perlhühner an. Es macht Spaß, „so herum" zu kochen, erst mal sehen, was es Gutes gibt, was Saison hat, was schon beim Einkaufen das Wasser im Munde zusammenlaufen lässt oder was gerade besonders günstig angeboten wird.

Auf vielen französischen Speisekarten wird ein Tagesgericht, ein „plât du jour", angeboten, und man erfährt erst auf Nachfrage, was es denn gibt. Ich freue mich immer, wenn in den kleinen Restaurants solche Gerichte angeboten werden. In aller Regel sind die Zutaten dann wirklich frisch für diesen Tag eingekauft worden, und ich bekomme genau das zu essen, was ich in Bistros, Bars und Brasserien erwarte: Spezialitäten regionaler und saisonaler Küche. Und da „le patron" oder „la patronne" hier häufig noch selbst an den Töpfen steht, kommt man oft in den Genuss tradierter Familienrezepte, die sich im Laufe der Zeit zu beglückender Perfektion entwickelt haben. Hier zeigt sich Hausmannskost von ihrer besten Seite.

Coq au vin
Rezept S. 68

bœuf bourguignon
rindfleisch auf burgunder art

400 g Möhren
250 g Zwiebeln
250 g Champignons
750 g Rindfleisch
(aus der Blume)
100 g durchwachsener Räucherspeck
in dünnen Scheiben
Salz
frisch gemahlener Pfeffer
1/2 l roter Burgunder
4 cl Cognac
1 Bouquet garni (Rezept S. 26)
1 TL frische Thymianblätter

Die Möhren putzen und schräg in dünne Scheiben schneiden. Die Zwiebeln schälen und achteln. Die Champignons putzen und in Scheiben schneiden. Das Rindfleisch mit der Faser in fingerdicke Scheiben schneiden. Einen Schmortopf mit Deckel mit der Hälfte der Speckscheiben auslegen. Darauf die Hälfte der Möhren und der Zwiebeln verteilen. Die Hälfte des Fleisches darauf legen, dann salzen und pfeffern. Jetzt die restlichen Möhren und Zwiebeln darüber verteilen, das restliche Fleisch darauf legen, noch einmal salzen und pfeffern. Die Pilze dazugeben und alles mit dem restlichen Speck bedecken. Rotwein und Cognac angießen und das Bouquet garni in die Flüssigkeit legen. Den Topf zudecken und für gut 4 Stunden bei etwa 150–160 °C in den Backofen stellen. Die Thymianblättchen über das fertige Gericht streuen und im Topf servieren.

pot au feu
„topf auf dem feuer"

2 Bund Suppengrün
4 Markknochen
1 kg Tafelspitz
2 mittelgroße Zwiebeln
4 Gewürznelken
3 Knoblauchzehen
1 Bouquet garni (Rezept S. 26)
15 schwarze Pfefferkörner
1 Hähnchen (ca. 1,2 kg)
2 Scheiben Kalbshaxe à 300 g
Salz
frisch gemahlener Pfeffer
750 g Kartoffeln
1 Bund Möhren
4 Stangen Lauch
1 Bund Kerbel

Für 6–8 Personen

In Frankreich wird
Pot au feu traditionell in
zwei Gängen serviert:
die kräftige Bouillon als Vor-
speise und das Fleisch mit dem
Gemüse als Hauptgericht.

Das Suppengrün putzen und in grobe Stücke schneiden. Die Markknochen in einen großen Suppentopf legen. Das Suppengrün darüber verteilen und den Tafelspitz darauf legen. Mit 4 Litern kaltem Wasser auffüllen und aufkochen lassen. Den aufsteigenden Schaum mit einer Schaumkelle sorgfältig abschöpfen. Die Zwiebeln schälen, eine mit den Nelken spicken, die andere halbieren und die Schnittflächen auf der sehr heißen Herdplatte bräunen – das gibt der Suppe eine schöne Farbe.

Die Knoblauchzehen nur schälen. Die vorbereiteten Zwiebeln, die Knoblauchzehen, das Bouquet garni und die Pfefferkörner zur Suppe geben und diese im offenen Topf 1 1/2 Stunden leise köcheln lassen. Falls nötig, zwischendurch noch einmal abschäumen. Das Hähnchen und die Kalbshaxenscheiben mit Salz und Pfeffer einreiben, auf den Eintopf legen und 1 weitere Stunde leise kochen lassen.

In der Zwischenzeit Kartoffeln, Möhren und Lauch schälen bzw. putzen. Die Kartoffeln grob würfeln, die Möhren dritteln und die Lauchstangen zu einem Bündel zusammenbinden (wenn die Stangen zu lang sind, kann man sie auch halbieren und zwei Bündel daraus machen).

Das gegarte Fleisch aus dem Topf nehmen und die Brühe durchsieben. Den Tafelspitz in Scheiben schneiden. Das Hähnchen häuten, das Fleisch von den Knochen lösen und in große Stücke zerteilen. Das Kalbfleisch auch vom Knochen lösen und dabei den Fettrand entfernen. Das Fleisch in eine ofenfeste Terrine geben. Die gesiebte Brühe bis auf 1 Liter dazugießen und alles warm stellen. In der zurückbehaltenen Brühe die Kartoffeln ca. 20 Minuten garen. Die Möhrenstücke und die Lauchbündel nach 5 Minuten dazugeben und mitgaren.

Zum Servieren das vorbereitete Fleisch und das Gemüse in der Terrine anrichten und mit gehacktem Kerbel bestreuen.

steak frites

Dieses „Rezept" gehört für mich zur Bistro-Küche wie die Tricolore zu Frankreich. Ich möchte behaupten, dass es dieses Gericht auf nahezu jeder französischen Speisekarte gibt. Dieses Gericht kann ein echter Genuss sein, aber es können auch Erinnerungen an Charlie Chaplin als armen Tramp wach werden – Sie wissen schon, die Sache mit der Schuhsohle. Spaß beiseite: Der Erfolg eines Steak frites steht und fällt mit der Qualität des Fleisches. Gutes Fleisch ist nicht etwa leuchtend rot, wie es leider allzu oft in Supermärkten angeboten wird. Rindfleisch zum Kurzbraten sollte gut abgehangen sein. Es hat dann einen stumpfen Braunrotton. Schätzen Sie sich glücklich, wenn Sie einen Metzger ihres Vertrauens gefunden haben, der sein Fleisch nur perfekt abgehangen verkauft (andernfalls: siehe Charlie Chaplin). Wie sie nun Ihr Stück Fleisch am liebsten mögen, ob „bleu" (fast roh), „saignant" (blutig) oder „à point" (rosa), ist bis hierher Geschmacksache. Gut durch, „bien cuit", heißt – mit Verlaub – Perlen vor die Säue werfen. Denn wozu reift ein herrliches Stück Fleisch bis zur Perfektion, um hernach in einen Zustand versetzt zu werden, in dem es eher die Füße denn die Kaumuskeln erfreuen würde.

Damit aus einem Stück Fleisch ein Steak wird, das diesen Namen verdient, bedarf es schon ein wenig Erfahrung und Fingerspitzengefühl. Als Faustregel für ein etwa 2 Zentimeter dickes und 200 Gramm schweres Steak kommt man mit den folgenden Regeln zu guten Ergebnissen:
Bleu: Bratdauer pro Seite etwa 1 Minute. Das Fleisch hat dann eine dünne braune Kruste und einen ca. 1 cm dicken rohen Kern.
Saignant: Jede Seite etwa 2 Minuten braten. Das Fleisch hat eine perfekte braune Kruste und noch einen schmalen rohen und leicht blutigen Kern.
À point: Bratdauer ca. 3–4 Minuten je Seite. Das Steak hat eine kräftige braune Kruste und ist in der Mitte durchgehend rosa.
Das Fleisch immer 1 Minute auf jeder Seite scharf anbraten, dann salzen und pfeffern und bei deutlich reduzierter Hitze zu Ende braten.

steak frites
ein schönes stück fleisch

4 Entrecôtes
(Zwischenrippenstücke)
jeweils etwa 2 cm dick
neutrales Öl
Salz
frisch gemahlener Pfeffer
4 Portionen Pommes frites

Die Steaks in sehr heißem Öl auf beiden Seiten scharf anbraten, mit Salz und Pfeffer würzen. In Alufolie einpacken und vor dem Anschneiden 2–3 Minuten ruhen lassen. Pommes frites dazu servieren.

Sehr lecker schmeckt dazu eine Sauce Béarnaise, die man, wenn man sie nicht selbst herstellen möchte, in akzeptabler Qualität im Tetrapack kaufen kann.

bœuf à la ficelle
pochiertes rinderfilet mit kräutersauce

800 ml Gemüsebrühe oder -fond
Salz
600 g Rinderfilet am Stück
(möglichst vom dicken Ende)
1 kleines Bund Sauerampfer
1 Bund glatte Petersilie
1 Bund Kerbel
2–3 Schalotten
1 EL Butter
1 kleines Glas Weißwein
250 ml Sahne
frisch gemahlener Pfeffer

Die Gemüsebrühe oder den Fond mit etwa 1/2 Liter Wasser und Salz zum Kochen bringen. Das Filet mit Küchengarn an einem Kochlöffel aufhängen. Den Kochlöffel über den Topf legen, so dass das Fleisch ganz in der Flüssigkeit hängt. Das Filet knapp 30 Minuten bei milder Hitze pochieren.

Inzwischen die Kräuter waschen, trockentupfen, die Blättchen von den Stielen zupfen und fein hacken. Die Schalotten schälen und fein würfeln. Die Butter schmelzen und darin die Schalotten ca. 5 Minuten andünsten, ohne sie zu bräunen. Den Wein und die Sahne angießen. Die Sauce kräftig kochen lassen, bis sie cremig wird, und dann vom Herd ziehen. Die gehackten Kräuter zur Sauce geben, 5–6 Esslöffel vom Kochfond des Filets unterrühren und mit Salz und Pfeffer abschmecken. Die Sauce auf vorgewärmte Teller verteilen. Das gegarte Fleisch aus dem Sud nehmen, in Scheiben schneiden und auf der Sauce anrichten.

bœuf en daube
provençalischer schmortopf

2,5 kg mageres Rindergulasch
5 Knoblauchzehen
1 großes Bund glatte Petersilie
6 Lorbeerblätter
125 ml Estragonessig
1/4 l kräftiger Rotwein
1 gestrichener TL grobes Meersalz
frisch gemahlener Pfeffer
1 unbehandelte Orange
5 Gewürznelken
150 g Zwiebeln
500 g Möhren
50 g Walnusskerne
1 Kalbsfuß (vom Metzger
in 3–4 Teile zersägen lassen)
2 EL Gänse- oder Schweineschmalz
750 ml Rinderfond
500 g Makkaroni
200 g grob geriebener Gruyère

Die Gulaschwürfel in eine Schüssel legen. Die Knoblauch-zehen schälen und unzerkleinert zum Fleisch geben. Die Petersilie waschen und im Bund belassen. Mit den Lorbeer-blättern ebenfalls zum Fleisch geben. Essig und Wein angie-ßen, mit Salz und Pfeffer würzen und alles miteinander ver-mischen. Abgedeckt über Nacht im Kühlschrank marinieren. Von der Orange eine dünne, etwa 15 Zentimeter lange Spirale abschälen. Die Nelken in die Orangenschale stecken. Die Zwiebeln schälen und in Ringe schneiden. Die Möhren putzen, der Länge nach vierteln, dann halbieren. Die Wal-nüsse ohne Fett in einer Pfanne goldbraun rösten.

Die Kalbsfußstücke 10 Minuten in kochendem Wasser blan-chieren, abschrecken und trockentupfen. Das Gulasch aus der Marinade nehmen und trockentupfen.

In einem ofenfesten Schmortopf das Schmalz erhitzen, darin die Fleischstücke nach und nach scharf anbraten und wieder herausnehmen. Im selben Fett die Zwiebelringe zusammen mit den Kalbsfußstücken unter Wenden kräftig anbraten. Die zuvor angebratenen Fleischwürfel, die Möhren, die gespickte Orangenschale und die Walnüsse dazugeben.

Die Marinade durch ein Sieb darüber gießen, und nur die Lorbeerblätter mit in den Schmortopf legen. Den Rinder-fond angießen und alles gut vermengen. Den Topf mit einem Deckel fest verschließen und das Gericht auf der untersten Schiene des Backofens bei 150 °C knapp 3 Stunden garen. Die Makkaroni nach Packungsanweisung zubereiten und mit Gruyère bestreut zum Fleisch servieren.

Für 6–8 Personen

queues de bœuf à la vigneronne
ochsenschwanz mit weintrauben

4 Möhren
2 Stangen Staudensellerie
3 Schalotten
2 EL Butter
4 EL neutrales Öl
2,5 kg Ochsenschwanz (vom Metzger
in Stücke hacken lassen)
2 EL Mehl
Salz
frisch gemahlener Pfeffer
2 cl Cognac oder Armagnac
1 Flasche Bourgogne Aligoté
750 ml Fleischbrühe oder Rinderfond
1 Bouquet garni (Rezept S. 26)
500 g weiße Weintrauben
(möglichst klein und kernlos)
1 Bund Schnittlauch
Baguette

Die Möhren und den Staudensellerie putzen und in etwa 5 Zentimeter lange Stücke schneiden. Die Schalotten schälen und recht fein hacken.

In einem Schmortopf die Hälfte der Butter und das Öl erhitzen. Die Ochsenschwanzstücke darin gut 5 Minuten anbraten. Das Fleisch sollte die ganze Zeit etwas bewegt werden, damit nichts anbrennt. Das vorbereitete Gemüse hinzugeben und weitere 5 Minuten mitbraten. Das Mehl darüber stäuben, salzen und pfeffern. Den Cognac, bzw. Armagnac, den Wein und so viel Brühe angießen, dass die Zutaten eben bedeckt sind. Das Bouquet garni einlegen, den Topf zudecken und bei milder Hitze auf dem Herd etwa 3 Stunden leise köcheln lassen.

Die Weintrauben halbieren. Die restliche Butter in einer Pfanne zerlassen und die Trauben darin knapp 5 Minuten dünsten. Zum Ochsenschwanz geben und noch knapp 15 Minuten mitziehen lassen. Alles auf einer Platte anrichten, Schnittlauch waschen, trockentupfen, in Röllchen schneiden und darüber streuen. Frisches Baguette dazu reichen.

Für 6 Personen

Falls Sie keine kernlosen Trauben bekommen, lohnt sich die Mühe. die Trauben zu entkernen. Denn es verdirbt den Spaß beim Essen, wenn man ständig auf die harten und bitteren Kerne beißt.

emincés de veau
kalbsragout

1,5 kg Kalbfleisch
(aus der Keule, ohne Knochen)
6 Knoblauchzehen
1/4 l trockener Weißwein
Saft von1/2 Zitrone
150 g Zwiebeln
3 Möhren
150 g Sellerie
1 EL Rosmarinnadeln
3 Lorbeerblätter
1 TL frische Thymianblätter
12 schwarze Pfefferkörner
1 TL Koriandersamen
8 Wacholderbeeren
Salz
100 ml neutrales Öl
1,5 kg kleine Kartoffeln
400 ml Kalbsfond
1/2 Bund frischer Koriander

Frischer Koriander ist nicht
jedermanns Sache und auch nicht
immer und überall zu bekommen.
Ein paar frisch gezupfte
Thymianblätter tun es auch.

Das Fleisch wie für Gulasch würfeln und in eine Schüssel geben. Die Knoblauchzehen schälen, 3 Zehen zum Fleisch pressen. Den Wein mit dem Zitronensaft mischen und über das Fleisch gießen. Alles gut vermischen und zugedeckt 11/2 Stunde bei Zimmertemperatur marinieren. Die Zwiebeln schälen und fein würfeln. Die Möhren schälen und in Scheiben schneiden. Den Sellerie putzen und würfeln. Den restlichen Knoblauch fein hacken. Alles in eine Schüssel füllen. Die Rosmarinnadeln hacken, die Lorbeerblätter zerbröseln und mit den Thymianblättern zum geputzten Gemüse geben. Pfefferkörner, Koriandersamen und Wacholderbeeren im Mörser mit 2 Teelöffeln Salz zerstoßen, ebenfalls zum Gemüse geben und alles gut mischen.

Den Backofen auf 200 °C vorheizen. Das Fleisch aus der Marinade nehmen und abtropfen lassen. Die Hälfte des Öls in einem ofenfesten Schmortopf erhitzen und das Fleisch darin portionsweise anbraten, bis es rundum leicht gebräunt ist. Fleisch, Gemüse und Marinade in den Schmortopf füllen. Alles gut miteinander vermengen, den Topf verschließen und das Ragout auf der untersten Schiene des Backofens 75 Minuten garen.

Die Kartoffeln schälen und in einer beschichteten Pfanne mit dem restlichen Öl gut 10 Minuten braten. Die Kartoffeln abgetropft zum Ragout geben, den Fond angießen und den geschlossenen Topf für weitere 30 Minuten in den Backofen schieben. Die Korianderblätter grob hacken und über das fertige Ragout streuen.

Für 6 Personen

filets de porc à la moutarde
schweinefilet mit senfsauce

600 g Schweinefilet
2 EL neutrales Öl
2 EL Butter
2–3 Schalotten
250 ml Sahne
1 EL Weißweinessig
2 EL Dijonsenf
1 Bund gemischte Kräuter
(glatte Petersilie, Majoran,
Estragon, Kerbel, Thymian)
Salz
frisch gemahlener Pfeffer

Das Schweinefilet in etwa 3 Zentimeter dicke Scheiben schneiden. Öl und Butter in einer Pfanne erhitzen und die Fleischstücke darin bei mittlerer Hitze von beiden Seiten jeweils 3–4 Minuten braten. Die Filets aus der Pfanne nehmen und warm stellen.
Die Schalotten schälen, fein hacken und im Bratfett 1–2 Minuten andünsten. Die Sahne, den Essig und den Senf dazugeben. Die Sauce unter ständigem Rühren in 4–5 Minuten sämig einkochen. Die Kräuter waschen, trockentupfen, Blättchen abzupfen und fein hacken. In die Sauce rühren und mit Salz und Pfeffer abschmecken. Die Filets auf einer vorgewärmten Platte anrichten und mit der Senfsauce übergießen.

Auch dieses Gericht kann man ohne Beilagen, nur mit frischem Baguette, verspeisen. Sehr gut passen aber auch Kartoffelkroketten oder Kartoffelpüree dazu.

escalopes de porc aux pruneaux
schweineschnitzel mit backpflaumen

250 g entsteinte Backpflaumen
150 ml halbtrockener Weißwein
2 cl Armagnac
4 Schweineschnitzel
(jeweils gut 100 g)
2–3 EL Mehl
30 g Butter
Salz
frisch gemahlener Pfeffer
1 EL Tomatenmark
3 EL Crème fraîche

Die Backpflaumen für 3–4 Stunden in Wein und Armagnac einlegen. Die Schnitzel leicht klopfen und in Mehl wälzen. Die Butter in einer großen Pfanne mäßig erhitzen, darin die Schnitzel auf jeder Seite ca. 4 Minuten braten. Salzen, pfeffern und warm stellen.
Die Pflaumen in der Einlegeflüssigkeit 10 Minuten weich kochen, mit einer Schaumkelle herausnehmen und warm stellen. Mit dem Weinsud den Bratfond der Schnitzel loskochen, Tomatenmark und Crème fraîche einrühren und mit Salz und Pfeffer abschmecken. Die Sauce über Schnitzel und Pflaumen gießen. Dazu passt Reis.

gigot à la bretonne
lammkeule mit weißen bohnen

Für die Lammkeule:
3 Knoblauchzehen
1 große Lammkeule (2–2,5 kg) mit
Haxenknochen, aber ohne
Schlussknochen
Salz
frisch gemahlener Pfeffer
6 Schalotten
3 Möhren
50 g Butter
1 Bund frischer Thymian
1/8 l trockener Weißwein
1/4 l Lamm- oder Rinderbrühe

Für die Bohnen:
1 Möhre
1 Stange Staudensellerie
4 Schalotten
30 g Butter
500 g getrocknete weiße Bohnen
(über Nacht in Wasser
einweichen lassen)
1 Bouquet garni (Rezept S. 26)
Salz
frisch gemahlener Pfeffer
1/2 Bund glatte Petersilie

Die Garzeit für getrocknete weiße
Bohnen kann zwischen 1–2 Stunden
schwanken. Deshalb sollte man nach
1 Stunde immer wieder mal probieren,
ob die Bohnen weich genug sind.

Für die Lammkeule die Knoblauchzehen schälen, in Stifte schneiden und die Lammkeule damit spicken. Die Keule mit Küchengarn zusammenbinden, salzen und pfeffern. Den Backofen auf 230 °C vorheizen.

Die Schalotten schälen und in feine Ringe schneiden. Die Möhren putzen und in dicke Scheiben schneiden. Die Butter in einer Pfanne erhitzen, bis sie anfängt zu bräunen. Schalotten und Möhren in einen Bräter schichten. Mit Salz und Pfeffer würzen und den gewaschenen und trockengetupften Thymian darauf verteilen. Die Lammkeule auf das Gemüse legen und mit der heißen Butter begießen. Den Bräter ohne Deckel in den Ofen schieben. Nach 10 Minuten die Hitze auf 200 °C reduzieren. Pro Pfund Lammkeule etwa 10–12 Minuten braten, wenn das Fleisch noch blutig sein soll, sonst 15 Minuten pro Pfund. Zwischendurch öfter begießen und die fertige Keule vor dem Zerlegen 10 Minuten im ausgeschalteten Backofen ruhen lassen.

In der Zwischenzeit für die Bohnen die Möhre und den Staudensellerie putzen und würfeln. Die Schalotten schälen und fein hacken. 2 Esslöffel Butter in einem Topf erhitzen und Möhre, Staudensellerie und Schalotten ca. 10 Minuten darin andünsten, aber nicht bräunen. Die eingeweichten und abgegossenen Bohnen und das Bouquet garni dazugeben. Mit Wasser auffüllen, bis die Bohnen gerade bedeckt sind, umrühren und 1 Stunde köcheln lassen. Dann mit Salz und Pfeffer würzen und weiterkochen lassen, bis die Bohnen weich sind. Das Bouquet garni herausnehmen. 2–3 Esslöffel Bohnen mit etwas Kochflüssigkeit durch ein Sieb streichen. Die Petersilie waschen, trockentupfen, die Blättchen abzupfen und hacken. Bohnen abgießen, die passierten Bohnen, die restliche Butter und die gehackte Petersilie unterheben. Mit Salz und Pfeffer würzen.

Die Lammkeule aus dem Bräter nehmen. Das Fett abschöpfen und den Bratensatz mit Wein und Brühe loskochen. Durch ein Sieb in einen kleineren Topf gießen, knapp 10 Minuten leicht einkochen lassen und abschmecken. Das Lammfleisch in Scheiben schneiden, mit dem Bohnengemüse und der Sauce heiß servieren.

gibelotte de lapin
kaninchenragout in weißwein

3-4 EL Butter
1 küchenfertiges Kaninchen
(vom Metzger in 8 Teile zerlegt)
2 EL Mehl
4 cl Cognac
1/4 l Kalbs- oder Geflügelfond
1/8 l trockener Weißwein
2 Knoblauchzehen
1 Bouquet garni (Rezept S. 26)
Salz
frisch gemahlener Pfeffer
200 g braune Champignons
16 Frühlingszwiebeln
150 g durchwachsener Räucherspeck
Baguette

Die Butter in einem Schmortopf zerlassen und die Kaninchenteile darin rundherum anbraten. Das Mehl darüber stäuben
und die Kaninchenteile so lange umwenden, bis das Mehl
goldgelb geworden ist. Mit dem Cognac flambieren, dann mit
Fond und Wein ablöschen. Die Knoblauchzehen schälen und
zum Kaninchen pressen. Das Bouquet garni dazugeben, salzen
und pfeffern. Das Ragout im geschlossenen Topf bei milder
Hitze ca. 45 Minuten schmoren.
In der Zwischenzeit die Champignons putzen und halbieren
oder vierteln. Die Frühlingszwiebeln putzen und ganz lassen.
Den Speck fein würfeln, ausbraten und auf Küchenkrepp abtropfen lassen. Die Pilze, die Zwiebeln und die Speckwürfel
zum Kaninchen geben und alles zusammen weitere 15 Minuten
schmoren. Falls nötig, noch etwas Fond angießen. Das Ragout
mit Salz und Pfeffer abschmecken. Baguette dazu reichen.

coq au vin
hähnchen in burgunder

1 Poularde (ca. 1,2–1,5 kg)
100 g magerer Räucherspeck
15–20 Perlzwiebeln
125 g kleine weiße Champignons
50 g Butter
1 EL Mehl
1/2 l roter Burgunder
3 EL Cognac
1/4 l ungesalzener Geflügelfond
1 Bouquet garni (Rezept S. 26)
Salz
frisch gemahlener Pfeffer
1 Baguette

Man sollte für dieses Gericht nicht den einfachsten Burgunder nehmen, wenn man eine intensive Farbe und aromatische Sauce haben möchte. Natürlich muss es aber auch kein Spitzenwein sein.

Die Poularde in 8 Stücke zerteilen. Den Speck fein würfeln. Die Zwiebeln schälen. Die Champignons putzen und, wenn sie groß sind, vierteln. Den Backofen auf 180 °C vorheizen.

Die Butter in einem großen Schmortopf mit Deckel erhitzen, darin die Speckwürfel und die Zwiebeln langsam anbraten. Wenn alles schön goldbraun geworden ist, herausnehmen und beiseite stellen. Die Hitze erhöhen und im selben Fett die Champignons kurz und kräftig anbraten. Die Pilze herausheben, abtropfen lassen und zum Speck geben.

Jetzt werden die Poulardenstücke bei guter, aber nicht übermäßiger Hitze angebraten. Das Mehl darüber stäuben und 5 Minuten weiterschmoren lassen, dabei öfter umrühren. Mit dem Wein ablöschen, Cognac und Geflügelfond angießen. Das Bouquet garni einlegen, Speck, Zwiebeln und Champignons wieder zugeben und mit Salz und Pfeffer würzen. Zugedeckt im Ofen 45 Minuten garen.

Nach Beendigung der Garzeit den Schmortopf aus dem Ofen holen, die Poulardenstücke und das Gemüse mit dem Schaumlöffel herausnehmen, in eine Schüssel legen und warm stellen. Das Bouquet garni entfernen und die Sauce bei starker Hitze rasch reduzieren, falls sie noch nicht konzentriert genug ist. Wenn die Sauce leicht cremig ist, über das Geflügel gießen.

Dazu Baguette und vorzugsweise den gleichen Rotwein, mit dem der Coq au vin zubereitet wurde, reichen.

pintade aux flageolets
perlhuhn auf weißen bohnen

50 g getrocknete Steinpilze
1 küchenfertiges Perlhuhn
(1,2–1,4 kg)
Salz
frisch gemahlener Pfeffer
6 große frische Salbeiblätter
12 kleine Schalotten
oder Perlzwiebeln
150 g Butter
1 kleine, frische Knoblauchknolle
50 ml trockener Weißwein
600 g weiße Bohnen aus der Dose
(vorzugsweise „Flageolets")
400 ml Madeira
400 ml Geflügelfond
1/2 Bund Basilikum

Die Knoblauchknolle kann von dem, der's mag, mitgegessen werden. Sie schmeckt mild und würzig.

Die Steinpilze in 200 Millilitern Wasser mindestens 1 Stunde einweichen. Das Perlhuhn säubern und innen und außen salzen und pfeffern. Die Salbeiblätter waschen, trockentupfen und vorsichtig unter die Brusthaut des Perlhuhns schieben. Flügel und Schenkel mit Küchengarn am Körper festbinden. Die Zwiebeln schälen, aber ganz lassen. Den Backofen auf 180 °C vorheizen.

In einem ofenfesten Schmortopf die Hälfte der Butter erhitzen und das Perlhuhn darin rundherum goldbraun anbraten.

Die Knoblauchknolle, die Zwiebeln und den Wein dazugeben. Im geschlossenen Topf auf der untersten Einschubleiste im vorgeheizten Backofen 1 Stunde schmoren. Ab und zu mit Bratflüssigkeit begießen (sollte zu viel Flüssigkeit verdampfen, geben Sie noch etwas Wasser zu).

In der Zwischenzeit die Bohnen abtropfen lassen. In einem großen Topf die restliche Butter erhitzen und die Bohnen darin unter Rühren 2–3 Minuten andünsten. Den Madeira angießen und bei großer Hitze fast völlig einkochen lassen (vorsicht, dass nichts anbrennt!). Dann den Geflügelfond und die Steinpilze mit dem Einweichwasser dazugeben, salzen und im geschlossenen Topf gut 30 Minuten auf kleiner Hitze köcheln lassen.

Das gegarte Perlhuhn aus dem Schmortopf nehmen und im ausgeschalteten Ofen 10 Minuten ruhen lassen. Den Topf auf die Herdplatte stellen, die Bohnen hineingeben, mit den Zwiebeln vermischen und alles 5 Minuten kochen lassen. Das Basilikum waschen, trockentupfen, die Blättchen in feine Streifen schneiden und die Hälfte unter das Bohnengemüse mischen. Das Perlhuhn auf eine Servierplatte legen, die Bohnen darum verteilen und mit dem restlichen Basilikum bestreuen.

moules à la marinière
miesmuscheln nach seemannsart

2 kg Miesmuscheln
1/2 Bund glatte Petersilie
2 mittelgroße Zwiebeln
100 g Butter
1/8 l trockener Weißwein
1 Prise Zucker
1/2 TL gemahlener weißer Pfeffer
Salz
Baguette

Die Muscheln sorgfältig unter fließendem kaltem Wasser abbürsten, von den Bärten befreien und geöffnete Exemplare wegwerfen. Die Petersilie waschen, trockentupfen, die Blättchen von den Stängeln zupfen und hacken. Die Zwiebeln schälen und sehr fein hacken. In einem großen Topf die Hälfte der Butter schmelzen lassen. Die Zwiebeln darin 10 Minuten weich dünsten, ohne dass sie Farbe annehmen. Den Weißwein angießen, die Muscheln dazugeben, Zucker, Pfeffer, Salz und die Hälfte der Petersilie darüber streuen. Den Topf gut verschließen und die Muscheln bei starker Hitze in 4–5 Minuten garen. Den Topf ab und zu rütteln. Die Muscheln herausnehmen, dabei noch geschlossene Exemplare wegwerfen und die übrigen zugedeckt in der Servierschüssel warm halten. Den Muschelsud – bis auf einen kleinen Rest, in dem sich eventuell noch Sand abgesetzt hat – in einen kleinen Topf gießen und aufkochen. (Wer eine kräftigere Sauce bevorzugt, lässt den Sud nach Belieben einkochen.) Vom Herd nehmen und die restliche Butter mit kräftigen Schlägen des Schneebesens einarbeiten. Mit Salz und Pfeffer abschmecken. Die Muscheln mit der Sauce begießen, mit der restlichen Petersilie bestreuen und sofort zu frischem Baguette servieren.

Für 2–3 Personen (als Hauptgericht)

saumon grillé
gegrillter lachs

4 dicke Lachskoteletts
(jeweils gut 200 g schwer)
100 ml Olivenöl
4 Stängel glatte Petersilie
4 Stängel Fenchelgrün
1 kleines Bund Dill
4 Lorbeerblätter
Salz
frisch gemahlener Pfeffer
1 unbehandelte Zitrone

Salzkartoffeln mit zerlassener Butter
und gehackter Petersilie ergänzen den
Lachs zu einem köstlichen Tellergericht.

Die Lachskoteletts etwa 1 Stunde in Olivenöl marinieren, dabei ab und zu wenden. Petersilie, Fenchelgrün und Dill waschen und trockentupfen. Aus den Kräutern und den Lorbeerblättern 4 Sträußchen binden. Den Backofen auf 200 °C vorheizen.

Den Lachs aus dem Öl nehmen und in der Pfanne bei mittlerer Hitze auf jeder Seite etwa 2 Minuten braten. Der Fisch sollte an den Gräten noch nicht ganz gar sein. Für jede Scheibe Lachs ein Stück Alufolie mit ein wenig Marinade-Öl einpinseln und darauf ein Kräutersträußchen ausbreiten. Den angebratenen Lachs darauf legen, gut mit Salz und Pfeffer würzen. Die Zitrone in dünne Scheiben schneiden und auf den Lachskoteletts verteilen. Den Fisch mit Alufolie abdecken, die Päckchen verschließen und im vorgeheizten Ofen 5 Minuten backen.

truite au crémant
forelle in crémant

4 Forellen
(küchenfertig, je etwa 200 g)
100 ml Milch
Salz
frisch gemahlener Pfeffer
5 EL Mehl
4 EL Butter
4 mittelgroße Schalotten
200 ml Crémant d'Alsace
(trockener Sekt aus dem Elsass)
1 Eigelb
100 g Crème fraîche
1 Bund Schnittlauch

Die Forellen kalt abwaschen und trockentupfen. Die Milch in einen Teller gießen, salzen und pfeffern. Das Mehl auf einen flachen Teller geben. Die Forellen erst in der Milch, dann im Mehl wälzen. In einer großen Pfanne 1 Esslöffel Butter schmelzen und die Forellen darin bei geringer Hitze auf jeder Seite 6–7 Minuten braten. Die Fische herausnehmen, auf einer Platte anrichten und warm stellen.

Die Schalotten schälen und sehr fein hacken. In einem Stieltopf die restliche Butter zerlassen und die Schalotten darin glasig dünsten, ohne sie zu bräunen.

Den Crémant angießen und einmal kurz aufkochen lassen. Das Eigelb mit der Crème fraîche verquirlen und in den heißen Zwiebelsud einrühren. Damit die Sauce bindet, darf sie jetzt nicht mehr kochen. Mit Salz und Pfeffer würzen. Den Schnittlauch waschen, trockentupfen und in feine Röllchen schneiden. Die Sauce über die Forellen gießen, mit den Schnittlauchröllchen bestreuen und heiß servieren.

Zuckerschoten, kleine Bundmöhren und junge Salzkartoffeln sind vollendete Begleiter zu diesem leichten Fischgericht.
Crémant d'Alsace ist ein feinperliger Sekt aus dem Elsass, der im Champagnerverfahren hergestellt wird. Ersatzweise können Sie auch einen guten, extratrockenen deutschen Sekt nehmen – notfalls auch Champagner!

crevettes au cidre
garnelen in cidre

1/2 l trockener Cidre
Salz
frisch gemahlener Pfeffer
1 Bouquet garni (Rezept S. 26)
600 g frische Garnelen
(ungeschält)

Den Cidre mit 2 Tassen Wasser zum Kochen bringen. Kräftig mit Salz und Pfeffer würzen und das Bouquet garni einlegen. Gut 10 Minuten offen kochen lassen. Dann die Garnelen in den Topf geben. Einmal aufkochen lassen und bei geringer Hitze in etwa 5 Minuten gar ziehen lassen. Die Garnelen abgießen und servieren.

Dieses Gericht schmeckt am besten mit frischem Roggenbaguette und Butter. Dazu trinkt man natürlich einen guten trockenen Cidre.

sole au beurre de citron vert
seezunge in limettenbutter

4 mittelgroße Seezungen
(küchenfertig, je ca. 250 g)
Salz
Butter für die Form
1 unbehandelte Limette
1/2 Bund Schnittlauch
150 g weiche Butter
2 EL Paniermehl

Versuchen Sie diese feine Speise doch einmal mit einer Beilage aus mit Wildreis vermischtem Reis.

Die Seezungen leicht salzen und in eine ausgebutterte ofenfeste Form legen. Den Backofen auf 180 °C vorheizen. Die Limettenschale fein abreiben, die Limette auspressen. Den Schnittlauch waschen, trockentupfen und in feine Röllchen schneiden. 100 Gramm Butter mit dem Limettensaft, der Hälfte der fein geriebenen Schale und den Schnittlauchröllchen verkneten. Die Seezungen mit der Limettenbutter füllen. Die restliche Butter bei milder Hitze schmelzen und über die Fische verteilen. Das Paniermehl mit der restlichen Limettenschale vermischen und über die Fische streuen.
Die Fische auf der mittleren Schiene des Backofens etwa 25 Minuten garen lassen. Sofort heiß servieren.

sole à la marinière
seezunge nach seemannsart

1 kg Miesmuscheln
1/4 l trockener Weißwein
200 g Butter
Salz
4 mittelgroße Seezungen
(küchenfertig, je ca. 250 g)
40 g Mehl
frisch gemahlener Pfeffer
etwas Zitronensaft
3-4 Zweige frischer Koriander

Kleine Salzkartoffeln oder
körniger Reis eignen sich
vorzüglich als Beilage.
Wer noch Gemüse dazu
essen möchte, sollte es mit
jungen Möhren oder Zuckerschoten versuchen.
Da Seezungen in unter-
schiedlichen Größen angeboten
werden, kann es sein, dass Sie
nur 2 größere Fische für
4 Personen benötigen.
Grundsätzlich rechnet man
pro Person ca. 120 Gramm
Seezungenfilet.

Die Miesmuscheln sorgfältig unter fließendem kaltem Wasser abbürsten, von den Bärten befreien und dabei offene Exemplare wegwerfen. In einem großen Topf die Hälfte des Weißweins mit 40 Gramm Butter zum Kochen bringen. Die Muscheln dazugeben und im geschlossenen Topf bei großer Hitze 4–5 Minuten kochen. Den Topf ab und zu rütteln. Die Muscheln herausnehmen, aus den Schalen lösen und abgedeckt warm stellen. Noch geschlossene Exemplare wegwerfen. Den Muschelsud durch ein Tuch in einen kleineren Topf gießen. Den Backofen auf 180 °C vorheizen.

Eine feuerfeste flache Form mit 1–2 Esslöffeln Butter großzügig einfetten und salzen. Die Form sollte so groß sein, dass die Seezungen darin nebeneinander liegen können – notfalls nimmt man die Fettpfanne des Backofens. Die Seezungen mit der abgezogenen Seite nach unten in die Form legen. Den restlichen Weißwein und den Muschelsud angießen, 2–3 Esslöffel Butter in Flöckchen auf die Fische setzen. Die Form mit Alufolie abdecken und auf die mittlere Schiene des vorgeheizten Backofens schieben. Die Seezungen in 15–20 Minuten langsam pochieren. Gar sind sie, wenn sich das Fleisch leicht von den Gräten löst. Die Fische vorsichtig auf eine gut vorgewärmte Servierplatte gleiten lassen. Den Sud in einen Topf gießen und 3–4 Minuten kochen lassen. Das Mehl mit 2–3 Esslöffeln Butter verkneten und die Mehlbutter in die kochende Sauce einrühren. Vom Herd nehmen und die restliche Butter mit dem Schneebesen kräftig unterrühren. Die Sauce mit Salz, Pfeffer und etwas Zitronensaft abschmecken. Die ausgelösten Muscheln in die Sauce geben, 2–3 Minuten ziehen lassen, damit sie wieder heiß werden. In der Zwischenzeit den Koriander waschen, trockentupfen, Blättchen von den Stängeln zupfen und fein hacken. Die Flüssigkeit, die die warm gehaltenen Seezungen abgegeben haben, in die Sauce rühren. Die Sauce mit den Muscheln über die Seezungen gießen, mit gehacktem Koriander bestreuen und heiß servieren.

sardines gratinées
überbackene sardinen

1 kg frische Sardinen
3 unbehandelte Zitronen
1 Bund frischer Thymian
4 EL Olivenöl
Salz
frisch gemahlener Pfeffer
1/8 l trockener Weißwein
1 Bund glatte Petersilie
1 Knoblauchzehe
3–4 EL Paniermehl

Die Köpfe der Sardinen abschneiden, die Fische ausnehmen, in kaltem Wasser waschen und trockentupfen.
1 Zitrone auspressen und den Saft über die Fische träufeln. Die restlichen Zitronen in feine Scheiben schneiden. Den Thymian abbrausen und trockentupfen. Den Backofen auf 230 °C vorheizen. Eine flache ofenfeste Form mit 1 Esslöffel Olivenöl auspinseln. Die Form mit den Zitronenscheiben auslegen, darauf die Thymianzweige verteilen. Auf dieses Bett die Sardinen legen, salzen und pfeffern. Den Wein angießen und das restliche Öl über die Fische träufeln. Die Petersilie waschen, trockentupfen, die Blättchen von den Stängeln zupfen und fein hacken. Die Knoblauchzehe schälen und durchpressen. Petersilie und Knoblauch mit dem Paniermehl vermischen und über die Sardinen streuen. Die Form auf die mittlere Schiene des Backofen schieben und die Fische in ca. 10 Minuten garen. Ein- bis zweimal mit dem Sud begießen. Zum Schluss die Fische noch für ca. 1 Minute auf der obersten Schiene übergrillen, damit das Paniermehl schön bräunt, und sofort servieren.

Dazu ein schöner grüner Salat, frisches Baguette und ein leichter Rotwein oder Rosé, gut gekühlt, …und fast könnte man meinen, auf einer provençalischen Terrasse zu sitzen.

sandre au four
zander aus dem ofen

500 g Kartoffeln
(neue Ernte, fest kochend)
16–20 kleine Schalotten
1/4 l Olivenöl
10–12 Salbeiblätter
1 Bund glatte Petersilie
4 frische Zweige Rosmarin
1 Zander
(gut 1 kg, küchenfertig)
Salz
frisch gemahlener weißer Pfeffer
350 g mittelgroße Strauchtomaten
4 Knoblauchzehen
60 g Oliven (ohne Stein,
grün und schwarz gemischt)

Im Ganzen zubereitete Fische bleiben sehr saftig und behalten ihren Eigengeschmack. Und der feine Zander kommt oft in der für 4 Personen genau richtigen Größe daher. Gönnen Sie Ihren Gästen den Augenschmaus des im Ganzen gegarten Zanders und filetieren Sie ihn erst am Tisch. Jetzt, wo er gar ist, geht das ganz einfach: Sie legen den Fisch auf die Seite, schneiden die vorhandenen Einschnitte bis zum Rückgrat auf, machen entlang des Rückgrats einen Schnitt und heben mit einem Löffel oder Palettenmesser die Filetstücke leicht ab.

Die Kartoffeln mit Schale in Salzwasser knapp 20 Minuten garen. In der Zwischenzeit die Schalotten schälen. Die Kartoffeln abgießen, pellen, der Länge nach vierteln und in einer beschichteten Pfanne in 5 Esslöffeln Olivenöl goldbraun braten, herausnehmen und warm stellen. Die ganzen Schalotten in 3 Esslöffeln Öl bei milder Hitze goldbraun braten und zu den Kartoffeln geben. Den Backofen auf 220 °C vorheizen.

Die Kräuter waschen und trockentupfen. Den Zander innen salzen und pfeffern, die Flossen abschneiden. Quer zum Rückgrat auf jeder Seite 5–6-mal etwa 1 Zentimeter tief einschneiden. In jeden Schnitt ein Salbeiblatt legen. Den Fisch mit 2 Stängeln Petersilie und 1 Rosmarinzweig füllen. Ein Backblech mit reichlich Olivenöl einfetten und mit etwas Salz bestreuen. Den Zander mit dem Bauch nach unten darauf setzen und mit dem restlichen Olivenöl einpinseln. Auf der zweiten Schiene von unten in 20 Minuten garen. In der Zwischenzeit die restliche Petersilie von den Stängeln zupfen und fein hacken. Die Tomaten in Scheiben schneiden, dabei den Stielansatz entfernen. Die Knoblauchzehen schälen und durchpressen. Das Blech mit dem Fisch aus dem Ofen holen. Auf der einen Hälfte des Backblechs die Tomatenscheiben verteilen, mit der Hälfte der Petersilie und dem Knoblauch bestreuen. Auf die andere Seite des Fisches kommt das Kartoffel-Zwiebel-Gemisch. Darüber die Oliven streuen. Den restlichen Rosmarin um den Fisch herum verteilen. Alles noch einmal leicht salzen und pfeffern und für weitere 5–7 Minuten in den heißen Ofen schieben. Den ganzen Zander und das Gemüse auf einer großen Platte anrichten, die restliche Petersilie über die Kartoffeln geben und servieren.

les
süßspeisen
desserts

Typisch für die Bistro-Küche sind Nachspeisen, die sich gut vorbereiten lassen. Allen voran möchte ich hier die köstlichen Tartes erwähnen. Früchte der Saison auf hauchdünnem Mürbeteig sind krönender Abschluss eines Menüs, machen sich aber auch sehr gut auf einer Kaffeetafel. Servieren Sie doch mal eine lauwarme Tarte Tatin mit leicht geschlagener Crème fraîche statt Schwarzwälder Kirschtorte; ich bin sicher, Ihre Gäste werden begeistert sein.
Fehlen darf natürlich auch nicht die berühmte Crème caramel oder die – zumindest in Frankreich – nicht minder beliebte Crème brûlée. Auch die Crêpes Suzette oder Birne Hélène lassen die Herzen eines jeden wahren Süßspeisen-Liebhabers höher schlagen. Dann fehlt nur noch ein Tässchen Espresso und vielleicht ein Eau de vie oder ein Calvados, um auch in den heimischen vier Wänden göttliche Gefühle aufkommen zu lassen.

Crème brûlée
Rezept S. 83

pâte brisée sucrée
grundrezept für süßen mürbeteig

200 g Mehl
100 g weiche Butter
3 Eigelb
75 g Zucker
1 Prise Salz
1/4 TL abgeriebene Zitronenschale
1 EL Cognac oder Calvados

Das Mehl in eine Schüssel sieben, in die Mitte eine Vertiefung drücken und dahinein die weiche Butter, Eigelbe, Zucker, Salz, Zitronenschale und Cognac oder Calvados geben. Aus der Mitte heraus die Zutaten mit den Fingerspitzen schnell vermengen. Nach und nach das Mehl einarbeiten. Den Teig gut durchkneten. Falls er zu trocken ist, 1 Esslöffel Wasser einarbeiten. Den Teig mit einem breiten Messer oder einem Spachtel aufnehmen und zu einer Kugel formen. Die Teigkugel in Klarsichtfolie wickeln und für mindestens 30 Minuten in den Kühlschrank legen.

tarte tatin

Diese Variation der klassischen Apfeltarte hört sich vielleicht etwas komplizierter an, aber wer den Dreh mit dem Karamellisieren der Äpfel einmal raus hat, läuft Gefahr, nie mehr einen normalen Apfelkuchen zu backen. Ein Versuch lohnt sich also auf jeden Fall. Und selbst wenn der Zucker ganz leicht anbrennt, ist das weniger schlimm als zu zaghaftes Vorgehen. Denn richtig karamellisieren muss der Zucker schon. Für das gute Gelingen ist auch die Wahl der Äpfel ausschlaggebend. Sie dürfen nicht zu viel Wasser abgeben und sollen das ganze Butter-Zucker-Gemisch aufsaugen können. Am besten eignen sich dafür etwas mürbe Sorten wie Jonagold oder Boskop.

tarte des demoiselles tatin
tarte tatin oder umgedrehte apfeltorte

1 Pâte brisée sucrée
(Rezept S.80)
1,2 kg feste säuerliche Äpfel
120 g Puderzucker
120 g zerlassene Butter
1 TL Zimt
2 Päckchen Vanillezucker
100 ml Sahne
50 g Crème fraîche

Den Teig nach Rezept zubereiten und kühl stellen.

Die Äpfel schälen, entkernen und vierteln. Den Boden einer schweren, ofenfesten Pfanne von 20–24 Zentimetern Durchmesser mit dem Puderzucker bestreuen. Die Äpfel kreisförmig dicht an dicht in der Pfanne anordnen.

Die zerlassene Butter gleichmäßig darüber gießen und die Äpfel mit Zimt und einem Päckchen Vanillezucker bestäuben. Den Backofen auf 220 °C vorheizen. Die Pfanne mit den Äpfeln auf der Herdplatte bei kleiner Flamme erhitzen, bis der Zucker unter den Äpfeln zu karamellisieren beginnt (das kann – je nach Apfelsorte – unterschiedlich lange dauern. Achten Sie darauf, dass nichts anbrennt – das kann man riechen).

In der Zwischenzeit den Teig etwa 3 Millimeter dünn kreisförmig ausrollen. Der Durchmesser sollte etwas größer sein als der der Pfanne. Die karamellisierten Äpfel mit dem Teig bedecken, am Rand etwas nach unten drücken und überschüssigen Teig mit dem Messer abschneiden.

Den Kuchen auf der mittleren Schiene des Backofens knapp 20 Minuten backen. Der Teig sollte appetitlich goldbraun werden. Falls er zu dunkel wird, die Form mit Pergamentpapier oder Alufolie abdecken.

Die Sahne halbfest schlagen und mit dem restlichen Vanillezucker und der Crème fraîche zu einer dickflüssigen Sauce verrühren. Die Tarte Tatin aus dem Ofen nehmen, auf eine Platte stürzen und lauwarm mit der Sauce servieren.

tarte aux poires
birnenkuchen

Butter für die Form
1 Pâte brisée sucrée
(Rezept S. 80)
500 g reife Birnen
Saft von 1/2 Zitrone
2 EL zerlassene Butter
2 EL Birnen- oder Apfelgelee
Sahne nach Belieben

Eine gebutterte Tarte- oder Springform mit dem dünn ausgerollten Teig auslegen und einen 2 Zentimeter hohen Rand hochziehen. Den Teig mehrfach mit einer Gabel einstechen, damit sich beim Backen keine Luftblasen bilden können. Den Backofen auf 220 °C vorheizen.

Die Birnen schälen, vierteln und vom Kerngehäuse befreien. Die Viertel in dünne Spalten schneiden und mit dem Zitronensaft beträufeln. Die Birnenspalten kreisförmig, dicht und überlappend in die Form legen und mit der zerlassenen Butter bepinseln. Die Birnentarte im Backofen auf der untersten Schiene 30 Minuten backen. Den Kuchen noch heiß mit dem Gelee bepinseln. Abkühlen lassen und servieren. Nach Belieben etwas geschlagene Sahne dazu reichen.

Auf die gleiche Weise können auch andere Früchtetartes (z.B. mit Äpfeln, Mirabellen, Sauerkirschen, Brombeeren oder Aprikosen) zubereitet werden. Das Gelee wirkt dabei etwa wie ein Tortenguss. Es verflüssigt sich auf den heißen Früchten und überzieht sie mit einer Glasur, die nach dem Erkalten wieder fest wird. Wer es etwas üppiger mag, bestreicht den Teig vor dem Belegen mit Vanillepudding. Besonders mürbe wird der Teig, wenn er blind vorgebacken wird (siehe Rezept Quiche lorraine S. 37).

crème brûlée
gebrannte creme

2 Vanilleschoten
1/2 l Milch
4 Eier
40 g feiner Zucker
60 g Würfelzucker
1 unbehandelte Orange

Den Backofen auf 200 °C vorheizen. Die Vanilleschoten der Länge nach aufschlitzen, das Mark mit einem Messerrücken herausschaben, zusammen mit den leeren Schoten zur Milch in einen Topf geben und aufkochen.

Die Eier mit dem feinen Zucker so lange rühren, bis er sich aufgelöst hat. Die Schoten aus der Milch nehmen und die heiße Vanillemilch mit dem Schneebesen unter die Eiermasse schlagen. Die Masse auf 4 möglichst flache feuerfeste Förmchen verteilen und diese in die Fettpfanne des Backofens stellen. So viel Wasser angießen, dass die Förmchen zur Hälfte darin stehen. Im vorgeheizten Backofen 90 Minuten garen. Herausnehmen und am besten über Nacht im Kühlschrank abkühlen lassen.

Die Zuckerwürfel von allen Seiten an der Orangenschale reiben. Die aromatisierten Zuckerwürfel in einem Mörser fein zerstoßen. Kurz vor dem Servieren den Grill des Backofens einschalten und den Orangenzucker auf die Creme streuen. Die Förmchen mit der Creme in die mit kaltem Wasser (evtl. noch Eiswürfel ins Wasser geben) gefüllte Fettpfanne setzen. So hoch wie möglich unter den Grill schieben, bis der Zucker schmilzt und karamellisiert. Abkühlen lassen und servieren.

Profis benutzen zum Überbrennen der Crème brûlée einen Bunsenbrenner bzw. eine Lötlampe. Sollte ein solches Gerät zur Heimwerkerausstattung Ihres Haushaltes gehören, probieren Sie es einmal aus. – Das Karamellisieren des Zuckers geht so viel schneller und lässt sich besser steuern. Denn am besten schmeckt dieses Dessert, wenn die Creme an sich kalt bleibt und nur von einer heißen Zuckerkruste bedeckt ist.

crème renversée au caramel
gestürzte creme mit karamell

200 g Zucker
1/2 l Milch
1 Vanilleschote
2 Eier
2 Eigelb

Am besten nehmen Sie einen flachen Bräter, stellen die Förmchen mit der Creme nebeneinander hinein und gießen heißes Wasser an. Das Wasser sollte etwa so hoch stehen wie die Masse in den Förmchen. Jetzt bedeckt man den Bräter locker mit Alufolie und schiebt das Ganze in den vorgeheizten Backofen. In der sanften Dampfatmosphäre stockt die Creme langsam und gleichmäßig und bekommt so ihre cremige Konsistenz. Bei zu starker Hitze gerinnt das Ei, und die Creme würde eher an süßen Eierstich erinnern denn an eine zarte Crème renversée au caramel.

In einem kleinen Topf 100 Gramm Zucker mit 2 Esslöffeln Wasser zum Schmelzen bringen. So lange köcheln lassen, bis der Zucker eine schöne braune Farbe angenommen hat. Jetzt den Karamell mit 1 Löffel Wasser ablöschen und auf 4 Förmchen verteilen. Die Förmchen so schwenken, dass der Karamell Boden und Wände gleichmäßig überzieht. Wenn sich keine Flüssigkeit mehr bewegt, mit dem Schwenken aufhören und die Förmchen abkühlen lassen. Den Backofen auf 180 °C vorheizen. Inzwischen die Milch mit der aufgeschnittenen Vanilleschote und dem herausgeschabten Vanillemark zum Kochen bringen. Die Eier und die Eigelbe mit dem restlichen Zucker dickschaumig aufschlagen. Die kochende Milch ohne Vanilleschote zu der Eiermasse gießen. Dabei mit einem Kochlöffel alles gleichmäßig verrühren (hier sollte kein Schneebesen benutzt werden, damit die Masse nicht schaumig wird, was beim späteren Pochieren zu unerwünschten Blasen in der Creme führen würde). Die Eiermasse in die vorbereiteten Förmchen gießen, in ein Wasserbad stellen und auf der mittleren Schiene des Backofens 45 Minuten garen. Die Eiermasse muss sehr gut abgekühlt sein, bevor sie auf Servierteller gestürzt wird, denn nur dann hat sich der Karamell wieder aufgelöst und rinnt beim Stürzen so schön goldbraun über die Creme.

poire belle hélène
birne helene

4 reife Birnen
Saft von 1 Zitrone
200 g Zucker
1 Vanilleschote
1 Stange Zimt
150 g dunkle Kuvertüre
Vanilleeis
1/8 l Sahne

Die Birnen schälen, halbieren und vom Kerngehäuse befreien. Den Zitronensaft, den Zucker, die aufgeschnittene Vanilleschote und die Zimtstange in eine große Pfanne geben. 1/2 Liter Wasser dazugießen und zum Kochen bringen. Die Birnenhälften mit der Schnittfläche nach unten in die Pfanne legen und bei milder Hitze 12–15 Minuten dünsten. Die Birnenhälften ab und zu mit der Kochflüssigkeit beschöpfen. Die Birnen aus dem Sud nehmen und abkühlen lassen. Die Kuvertüre im Wasserbad schmelzen. Das Vanilleeis nach Belieben auf Dessertteller verteilen und mit je 2 Birnenhälften belegen. Die heiße Kuvertüre darüber gießen, jeweils etwas geschlagene Sahne obenauf setzen und sofort servieren.

Der Reiz dieses klassischen Desserts liegt im Aufeinandertreffen von Heiß und Kalt. Da die Kuvertüre auf dem Eis aber sehr schnell abkühlt, am besten erst nur wenig davon angießen und den Rest in einem vorgewärmten Kännchen extra dazu reichen.

crêpe suzette
flambierte crêpe

100 g Mehl
4 Eier
90 g zerlassene Butter
1 Prise Salz
1 EL Puderzucker
6 EL Milch
1 EL Rum
neutrales Öl
2 unbehandelte Orangen
12 Stückchen Würfelzucker
Saft von 1 Zitrone
1 EL gehobelte Mandeln
75 cl Orangenlikör
(z.B. Grand Marnier)

Die Crêpes sollten so dünn wie möglich sein. Das lässt sich am besten mit einer speziellen Crêpe-Pfanne erreichen. Wer dieses Gerät nicht sein Eigen nennt, nimmt eine nicht zu große beschichtete und leicht eingeölte Pfanne. Ewas Teig in die nicht zu heiße Pfanne gießen und mit einem geeigneten Werkzeug – z.B. einem Teigschaber – den Teig dünn und gleichmäßig über den Pfannenboden verteilen. Mit etwas Übung gelingen so wunderbare dünne Eierkuchen: Crêpes eben.

Das Mehl mit den Eiern, etwa einem Drittel der zerlassenen Butter, dem Salz, dem Puderzucker, der Milch und dem Rum zu einem flüssigen Teig verrühren. Wenigstens 30 Minuten quellen lassen, dann noch einmal gut durchrühren. Evtl. mit 1–2 Esslöffeln Mineralwasser verdünnen. In einer beschichteten Pfanne mit wenig Öl aus diesem Teig sehr dünne helle Crêpes backen. Aus der Pfanne gleiten lassen, zu Vierteln zusammenklappen und warm stellen. Die restliche Butter erwärmen. Die Orangenschale mit den Zuckerwürfeln abreiben, dann die Orangen auspressen. Die Zuckerwürfel in der Butter schmelzen, den Orangen- und Zitronensaft dazugießen und 1–2 Minuten köcheln lassen. Die Pfanne vom Herd nehmen, die gefalteten Crêpes nebeneinander in die Pfanne legen, mit etwas Sauce beträufeln und einige Minuten durchziehen lassen. Die gehobelten Mandeln darüber streuen und mit dem angewärmten Orangenlikör flambieren. Brennend servieren.

Aus dem Grundrezept für Crêpes lassen sich mit etwas Fantasie viele köstliche Süßspeisen zaubern: Probieren Sie einmal Crêpes mit heißen Waldbeeren und Vanilleeis. Oder bestreichen Sie die dünnen Eierkuchen mit Aprikosenkonfitüre, belegen sie mit Scheiben einer gegarten Birne (Rezept Birne Helene, S. 85) und schlagen die Seiten darüber zur Mitte zusammen. Dann legen Sie sie in eine gut gebutterte Pfanne, streuen etwas Puderzucker darüber und lassen den Zucker unter dem Grill leicht karamellisieren. Zum Schluss flambieren Sie die Crêpes mit Birnenlikör. Nach Belieben Vanilleeis dazu servieren. Oder Sie nehmen statt der Birne in Butter weich gedünstete Apfelspalten und flambieren mit Calvados. – Oder …lassen Sie Ihrer Fantasie freien Lauf.

savarin au prunes
savarin mit pflaumen

Für den Teig:
350 g Mehl
15 g Hefe
100 g Zucker
1/8 l Milch
100 g Butter
2 Eier
1 Päckchen Vanillezucker

Für die Füllung:
750 g Pflaumen
Saft von 1 Zitrone
200 ml Rotwein
1 Stange Zimt
250 g Zucker
75 cl Zwetschgenwasser
25 cl Maraschino
1/8 l Schlagsahne

In die Mitte des Savarins können für eine köstliche Variante noch andere frische oder gedünstete Früchte gefüllt werden. Als Dessert reicht dieser Kuchen für 8 Personen, oder aber 4 Personen teilen ihn sich als süßes Zwischengericht.

Für den Teig das Mehl in eine Schüssel sieben und in die Mitte eine Vertiefung drücken. Dahinein die Hefe bröseln, mit 1 Teelöffel Zucker bestreuen und etwas lauwarme Milch dazugießen. Die Hefe mit Milch und etwas Mehl zu einem flüssigen Vorteig vermengen. Zugedeckt an einem warmen Ort 1/2 Stunde gehen lassen. Die Butter in der restlichen Milch schmelzen lassen und zum Vorteig gießen. Die Eier, den Zucker und den Vanillezucker dazugeben und alles kräftig zu einem elastischen Hefeteig verkneten. Wieder zugedeckt 20–30 Minuten an einem warmen Ort gehen lassen. Mit dem aufgegangenen Teig eine gut gefettete Kranzform oder zwei Savarinformen etwa zur Hälfte füllen und weitere 15 Minuten gehen lassen. Den Backofen auf 200 °C vorheizen. Den Kuchen auf der untersten Schiene des Backofens 30 Minuten backen. In der Zwischenzeit für die Füllung die Pflaumen entsteinen und halbieren. In einem Topf den Zitronensaft, den Rotwein und 1 Glas Wasser mit der Zimtstange und 50 Gramm Zucker zum Kochen bringen. Die Pflaumen darin bei milder Hitze gut 10 Minuten dünsten, abgießen und kalt stellen. Den restlichen Zucker mit 3/8 Liter Wasser gut 5 Minuten kochen lassen, vom Herd nehmen, das Zwetschgenwasser und den Maraschino einrühren. Den Savarin aus der Form lösen, in eine entsprechend große Schüssel legen, mit einem Zahnstocher mehrfach einstechen und mit der Zucker-Likör-Mischung tränken. Die Flüssigkeit mit einem Löffel so lange über den Savarin schöpfen, bis sie ganz aufgesogen ist. Den Savarin auf eine Servierplatte setzen, mit den gedünsteten Pflaumen und geschlagener Sahne füllen.

crème anglaise
vanillecreme

1/2 l Milch
1 TL Speisestärke
1 Vanilleschote
125 g Zucker
4 Eigelb

Die Milch mit der Speisestärke kalt verrühren, einmal aufkochen, vom Herd nehmen, die halbierte und ausgeschabte Vanilleschote und das Vanillemark hineingeben und zugedeckt ziehen lassen. In der Zwischenzeit Eigelbe und Zucker mit dem Handmixer dickschaumig schlagen. Die heiße Milch (ohne Vanilleschote) nach und nach unter die Eiermasse rühren. Alles zusammen zurück in den Milchtopf gießen und auf kleiner Flamme erhitzen. Dabei mit einem Holzspachtel ständig umrühren und immer wieder über den Boden und den Winkel zur Topfwand schaben, um ein vorzeitiges Absetzen und Stocken des Eigelbs zu verhindern. Die Sauce sollte so dick sein, dass sie den Kochlöffel mit einer guten Schicht überzieht. Auf keinen Fall darf sie kochen, denn sonst gerinnt das Eigelb und vorbei ist es mit der schönen Creme. Wenn die Sauce dick genug ist, wird sie in eine Schüssel umgefüllt und weitergerührt, bis sie kalt ist. Das Abkühlen geht schneller, wenn man die Schüssel in kaltes Wasser stellt.

Zugegeben, die Zubereitung einer solchen Vanillecreme ist nicht ganz einfach und recht zeitaufwendig.
Aber Sie sollten einmal einen Versuch machen und danach Ihre Sinne entscheiden lassen, welche Variante dieses Desserts Ihnen besser schmeckt…

îles flottantes
schwimmende inseln

1 Päckchen Vanillesauce
(Fertigprodukt)
1/2 l Milch
4 Eiweiß
2 Tropfen Zitronensaft
65 g feinster Zucker
2 EL Mandelblättchen

Wer Zeit und Lust hat, kann
statt der fertigen Vanillesauce
eine Crème anglaise
(Rezept links) zubereiten.

Die Vanillesauce mit der Milch nach der Packungs-
anleitung bereiten und kalt stellen. Die Eiweiße mit
dem Zitronensaft zu sehr steifem Schnee schlagen.
Zum Schluss den Zucker unterheben. In einem großen
flachen Topf oder einer Pfanne mit hohem Rand Wasser
zum Kochen bringen. Mit einem Holzlöffel eigroße
Bällchen vom Eischnee abstechen, auf das siedende
Wasser setzen und insgesamt 3–4 Minuten pochieren,
dabei einmal mit dem Schaumlöffel wenden.
Herausnehmen und auf einem Tuch abtropfen lassen.
Die Vanillesauce auf flache Schalen verteilen, die
Schnee-Eier darauf setzen und mit den Mandelblättchen
garnieren. Für 2–3 Minuten unter dem Grill im Back-
ofen auf der höchsten Schiene überbacken, bis der
Eischnee leicht zu bräunen beginnt.

rezepte verzeichnis der rezepte

snacks

würzige dips und pasten

salate

gemüsegerichte

tellergerichte

tellergerichte

süßspeisen